leet & leiwand

ISBN: 3-901761-49-7

1070 Wien, Schottenfeldgasse 24

Produktion: Ilse Helmreich
Graphische Gestaltung: Elisabeth Waidhofer
Cover: Marion Brogyanyi
Layout: Stefanie Vogel
Lektorat: Sabine Kehl-Baierle, Regina Moshammer
Fotoredaktion: Claudia Knöpfler, Tini Leitgeb
Repro: mPg MedienProduktionsgesmbH
Druck: agens

Robert Sedlaczek

in Zusammenarbeit mit
Roberta Baron

leet & leiwand

Das Lexikon der Jugendsprache

Mehr als 250 Ausdrücke und Redensarten –
was sie bedeuten, woher sie stammen

echomedia

Inhalt

Einleitung 7

Ausdrücke und Redensarten von A bis Z 19

Fragebogen „Sind Sie up to date?" 174

Beispiele für Musikrichtungen 177

Beispiele für die Verwendung von Ziffern und Sonderzeichen im Leetspeak 179

Sternderlwörter 180

Beispiele für Verfremdungen im deutschsprachigen Leetspeak 181

Begriffe des Computerspieler-Jargons 182

Auflösung des Fragebogens 186

Bildnachweis 189

Autoreninformation, Website 190

Jugendliche reden anders als Erwachsene. In diesem Buch dokumentieren wir die heutzutage gängigen Ausdrücke der Jugendsprache, und zwar jeweils mit Textbeispielen. Die Zitate stammen aus dem Internet, es handelt sich um Weblogs, Foren oder Nickpages, deren Eintragungen über Suchmaschinen gefunden werden können, die also „öffentlich" sind.*)

Das Buch ist ein Folgeprodukt zu „Das österreichische Deutsch. Wie wir uns von unserem großen Nachbarn unterscheiden". Zahlreiche Ausdrücke der Jugendsprache, die damals recherchiert worden sind, haben in dem Buch nicht mehr Platz gefunden. Sie sind daher für eine eigene Publikation reserviert worden, die sich der Jugendsprache widmet. Da die Jugendsprache am ehesten im Internet recherchierbar ist, hat sich Roberta Baron die Mühe gemacht, im Web nach Textbeispielen zu suchen. Außerdem kennt sie aufgrund ihrer Jugend viele Ausdrücke aus ihrem persönlichen Sprachgebrauch.

Die daraus gewonnenen Wortlisten haben wir anschließend mit Jugendlichen diskutiert und dabei folgende Fragen gestellt: Hast du den Ausdruck schon einmal gehört? Verwendest du den Ausdruck gelegentlich selbst? Was bedeutet der Ausdruck deiner Meinung nach? Gibt es andere Ausdrücke, die in das Buch hineingehören? Dabei hat sich herausgestellt, dass es in den „Szenesprachen" zahllose Fachausdrücke gibt, die in diesem Buch nur ansatzweise behandelt werden können: Die BMX-Fahrer, die Inlineskater, die Skateboarder, die Snowboarder, sie alle verwenden einen speziellen Wortschatz, wenn es um ihr Hobby geht. Gleiches gilt für Biker (= Motorradfahrer), sicher ein Grenzbereich der Jugendsprache, aber wer ein Mofa besitzt, denkt oft schon über ein Motorrad nach.

Ergänzt haben wir die Beiträge mit den Etymologien der einzelnen Ausdrücke. Dabei sind auch einige amüsante Merkwürdigkeiten zutage getreten. Wer hätte gedacht, dass der Ausdruck ▷ „auszucken" mit dem „Zücken einer Waffe" in Zusammenhang steht? Oder dass ▷ „arg" früher einmal so viel wie „vor sexueller Erregung zitternd" bedeutet hat?

Was ist ein „Jugendlicher"? Gemeint sind hier vor allem Schüler, Lehrlinge und Studenten, wobei eine altersmäßige Obergrenze kaum erkennbar ist. Heute sprechen auch noch 25-Jährige mit Gleichaltrigen in der Jugendsprache, obwohl sie nach offizieller Lesart schon längst „echte" Erwachsene sind. Das „Lebensgefühl" ist offensichtlich entscheidender als das tatsächliche Alter. Wenn Oma im Gespräch mit Opa den Ausdruck ▷ „Schoki" in den Mund nimmt, dann verwendet sie genau genommen einen Ausdruck der Kindersprache, auch wenn ihr das vielleicht gar nicht bewusst ist. Oder anders betrachtet: Wörter der Kinder- oder Jugendsprache wie ⊳ „geil", ⊳ „kehrvert" etc. werden oft bis ins hohe Alter verwendet.

Warum gibt es eine Jugendsprache? Das wichtigste Motiv ist die Identitätsfindung und die Abgrenzung gegenüber der Erwachsenenwelt, aber auch gegenüber anderen Jugendgruppen. Viele Jugendliche beherrschen beides: Unter Gleichaltrigen kommunizieren sie in ihrer spezifischen Jugendsprache, im Gespräch mit Erwachsenen folgen sie dem allgemeinen Sprachgebrauch. Umgekehrt haben Erwachsene manchmal Probleme, die typische Ausdrucksweise der Jugendlichen richtig zu deuten.

- Die Verständnisprobleme rühren von da her, dass in der Jugendsprache Wörter umgedeutet werden. Das Wort ⊳ „fett" bedeutet nicht nur „dick" und „betrunken", sondern auch „großartig". Der Ausdruck ⊳ „fit" bedeutet nicht nur „sportlich durchtrainiert", sondern auch „okay". Die Bedeutung eines Zeitwortes ändert sich oft durch eine Vorsilbe. So ist das „ab-" in ⊳ „abchillen", ⊳ „abfeiern", ⊳ „abflacken", ⊳ „abflirten", ⊳ „abtanzen" etc. eine Art Verstärkung. Es bringt zum Ausdruck, dass diese Tätigkeit intensiv oder lang anhaltend ist. Ebenfalls verstärkend wird die Vorsilbe „zu-" gebraucht, dazu zählen ⊳ „zudröhnen", ⊳ „zulabern" etc. Bei den Hauptwörtern dominieren Verkürzungen, denen entweder die Endung „-i" oder die Endung „-o" verpasst wird: ⊳ „Proggi" (Computerprogramm), ⊳ „Tschanzi" (= Chance), ⊳ „Fascho" (= Faschist) ... Hier sieht man auch ein wichtiges Merkmal der Jugendsprache: Verkürzung. Wer gewohnt ist, SMS zu schreiben, wer im Internet chattet, der will, dass alles möglichst schnell geht. Je kürzer ein Wort, desto besser.

- Da die Jugendsprache der Identitätsfindung und der Abgrenzung dient, ist sie stark von den jeweiligen Mundarten geprägt. Viele Jugendliche chatten im Internet in ihrer Mundart: Ein Tiroler schreibt tirolerisch, ein Steirer steirisch, ein Wiener wienerisch etc. Er empfindet eine heimliche Freude, wenn ihn ein Chatter aus dem Norden Deutschlands nicht versteht. Die österreichischen Mundartausdrücke sind in der Regel gekonnt in die Schriftform übertragen, wobei sich die Schreibweise stark an der Lautform orientiert, wie es H. C. Artmann und einige andere Schriftsteller vorexerziert haben. Es gilt also der Grundsatz: „Schreibe, wie du sprichst!" So wird ein Kieberer zu ⊳ „Kiwara", der Gruß „servus" zu ⊳ „seas" oder „sers". Auf die Ursprungswörter wird nur wenig Rücksicht genommen. Wörter, die gleich klingen, werden gleich geschrieben. So kann ⊳ „Kantn" nicht nur „Kante", „Könner", „Muskelpaket", „beschützender Freund" und „KTM-Maschine" heißen, sondern auch „Kärnten" bedeuten – zumindest unter Kärtnern.

Das Wort ▷ „voi“ (voll) kann „sehr“ heißen, aber auch „Fall“: „auf jeden voi“. Alte Ausdrücke aus den Mundarten (Dialekten) werden wieder entdeckt und besonders häufig verwendet: ▷ „chiggen“ (= tschicken = rauchen), ▷ „hackeln“ (= arbeiten) etc. Hier kann das vorliegende Buch nur Beispiele liefern. Meist handelt es sich um Ausdrücke, die Teil des allgemeinen Sprachgebrauchs sind, also auch von Erwachsenen gebraucht werden.

- Die lautgetreue Wiedergabe von Mundartausdrücken entspricht auch den Grundsätzen des angloamerikanischen Internetjargons, der ▷ „Leetspeak“ genannt wird. Dort werden Buchstaben durch andere Buchstaben ersetzt, um die Wörter zu verfremden. Man kann es auch so sehen: Im Wort „Kieberer“ wird der Buchstabe b zu w, der Vokal e zu a, die Endung „-er“ zu „-a“ – das ist einerseits „Leetspeak“, andererseits die lautlich korrekte Wiedergabe der umgangssprachlichen Ausdrucksweise: ▷ „Kiwara“.

- In England und in den USA wird oft am Wortende ein z gesetzt; so wird „greetings“ zu „greetz“, „tools“ zu „toolz“, „wares“ zu „warez“ (womit eine Bedeutungsveränderung zu „unerlaubt kopierte Programme“ eintritt). Analog dazu gibt es in Österreich und in Deutschland im „Leetspeak“ die Form „Leutz“ statt „Leute“, zB die Begrüßungsformel „Hi, Leutz!“ Das fragende „Was?“ wird zu „Waz?“ oder „Wazz?“ Auch ss und ß wird zu zz: „voi süzz“ statt „voll süß“, „Buzzale“ statt „Bussale“.

- Im angloamerikanischen Raum wird „thanks“ zu „thx“ abgekürzt, dh am Wortende wird ks zu x. Dasselbe passiert im deutschen Sprachraum: „dickes Bussi“ wird zu „dix Bussi“. Das ist an sich nicht ungewöhnlich, denn auch die Erwachsenen schreiben „nix is fix“ anstelle von „nichts ist fix“. Die Verwandlung tritt aber nicht nur am Wortende ein: „erwachsen“ wird zu „erwaxn“ oder „erwoxn“, „Wichser“ wird zu „Wixer“, „schnackseln“ zu „schnaxln“. Außerdem kann auch ein ts zu z werden: „Wie gez?“ statt „Wie gehts?“ In manchen Fällen wird einfach ein Laut unterdrückt: „jez“ statt „jetzt“, aber auch „etz“. Es kann aber tz auch durch ts wiedergegeben werden, das wäre dann „aufgemotst“ statt „aufgemotzt“. Allgemeine Regeln sind schwer aufzustellen, entscheidend ist, wie das Schriftbild wirkt und welche Assoziationen es weckt; so haben wir auch „säxxy“ statt „sexy“ gesehen.

- Manchmal werden Wörter der deutschen Sprache so geschrieben, als ob sie englische Wörter wären (zB ▷ „shice“ für „Scheiß“, ▷ „coohltig“ für „kultig“), oder englische so, als wären sie deutsche (zB „kuhl“ für ▷ „cool“). Das Wort „E-Mail“ taucht hin und wieder in der Schreibung ▷ „i-Mehl“ auf, „mailen“ als ▷ „mehlen“.

- In Österreich wird in der Aussprache zwischen p und b, t und d, in manchen Fällen auch zwischen k und g nicht deutlich unterschieden. Deshalb wird in Foren und auf Nickpages oft ein b, d bzw. g anstelle eines p, t bzw. k verwendet: „Dua di deswegn ned aufregn!" statt „Tu dich deswegen nicht aufregen!". Hier gilt also wieder der Grundsatz: „Schreibe, wie du sprichst!" Aber auch der umgekehrte Vorgang tritt ein. Statt b, d bzw. g wird oftmals ein p, t bzw. k geschrieben: „Ich hab nicht freikriegt kopt" statt „Ich habe nicht freigekriegt gehabt"; auch das ist eine korrekte Wiedergabe der gesprochenen Laute. Auch hier wird der Grundsatz „Schreibe, wie du sprichst!" angewandt. Zu guter Letzt gibt es auch Fälle, wo ein b, d oder g sozusagen aus Jux und Tollerei durch ein p, t oder k ersetzt wird: „bis balt" statt „bis bald", „hast ihn gepumst" statt „hast ihn gebumst". Diese Vertauschungen lassen sich nur damit rational erklären, dass man in Österreich bei einem gesprochenen b immer den Verdacht haben muss, dass es sich eigentlich um ein geschriebenes p handeln könnte – auf diese Weise ist beispielsweise auch aus „buttern" der Ausdruck „pudern" bzw. „budern" (= Sex haben, mit jemanden schlafen) geworden.

- Der spielerische Umgang mit der Sprache ist das Um und Auf. Dies erklärt auch die Beliebtheit von Nonsensformeln mit der Bedeutung „Alles okay!": „Fit im Schritt!", „Cool in Istanbul!", „Konkret in Tibet!" Wenn sich Erwachsene an ihre Kindheit zurückerinnern, wird ihnen einfallen, dass sie damals „Locker vom Hocker!", „Grüß Gott, Frau Kompott!" oder „Nicht schlecht, Herr Specht!" gesagt haben.

- Da der Grundsatz „Schreibe, wie du sprichst!" gilt, werden auch gesprochene Vokallängen geschrieben, was eine Art Verstärkung darstellt: ▷ „Maahh, ich hab dich sooo lieb!", ▷ „Voigaaaas!" Im Wort ▷ „Morgähn" wird sogar das morgendliche Gähnen in den „Guten Morgen"-Gruß eingebaut.

- Die österreichische Jugendsprache schöpft neue Wörter aus 3 Quellen: aus der Mundart, aus dem Englischen und aus dem Norddeutschen. Die von Jugendlichen verwendeten Mundartausdrücke können in diesem Buch nur beispielhaft aufgelistet werden, hier gibt es natürlich auch regionale Besonderheiten, die nicht recherchiert werden konnten.

- Die Lehnwörter aus dem Englischen gelangen vor allem über das Internet ins Deutsche, sie werden dann angenommen, wenn sie funktionell sind (und kein passender deutscher Ausdruck verfügbar ist). Die englische Sprache ist unter Jugendlichen „in", was wohl auch mit der amerikanischen und britischen Dominanz im Pop-Geschehen zusammenhängt. Vor allem Zeitwörter werden entlehnt und eingedeutscht, dh den Regeln der deutschen Sprache angepasst. Dazu gehören ▷ „chillen" (= sich ausruhen, sich entspannen), ▷ „flashen" (= faszinieren, beeindrucken) etc. Manchmal dienen die Namen von bekannten Unternehmen als Wortmaterial für neue Ausdrücke: etwa „googeln" (= im Internet recherchieren).

- Für Erwachsene ist die Computersprache oft eine Fremdsprache, nicht so für Jugendliche. Sie gehen mit Downloads, MP3-Playern etc. spielerisch um, und spielerisch ist auch ihr Umgang mit den dazugehörenden Ausdrücken. Dabei werden oft neue Wörter geschaffen: aus englisch *to up* wird ▷ „uppen" (Daten auf eine Website hinaufladen). Manchmal werden auch Ausdrücke der deutschen Sprache für technische Vorgänge ausgeborgt, zB „runterziehen", ▷ „saugen", ▷ „zapfen" für *to download* (= aus dem Internet herunterladen); die eingedeutschte Version „downloaden" ist nicht einmal so beliebt.

- Auch die englischsprachigen Kürzel aus den Internet-Chats und aus den SMS-Dialogen sind Basis für Wortschöpfungen: aus *lol* wird ▷ „lollen" (= laut aus sich herauslachen), aus *rofl* wird ▷ „rofeln" (= sich vor Lachen auf dem Boden wälzen), aus *smile* wird ▷ „einen Smile drauf haben". Das Kürzel *afk* (= away from keyboard) wird wie ein vollwertiges Wort verwendet: „Ich war einen Augenblick ▷ afk!" (= weg, nicht da).

- Komplizierter ist das Verhältnis zu den Entlehnungen aus dem Norddeutschen. Generell steht man der „Piefkesprache" sehr reserviert gegenüber, allerdings werden manche Ausdrücke bereitwillig übernommen. Welche Ausdrücke akzeptiert und welche abgelehnt werden, ist von Gruppe zu Gruppe verschieden. Einige Jugendliche lehnen beispielsweise Ausdrücke wie ▷ „abtanzen", ▷ „abflirten" kategorisch ab, andere verwenden sie ohne Bedenken. Für manche sind ▷ „derbst", ▷ „krass" oder ▷ „konkret" nichts anderes als „piefkelnde" Ausdrücke („Würde ich nie sagen!"), andere haben sie in ihre Alltagskommunikation voll integriert („Klingt cool!"). Wir sollten jedenfalls nicht von der Annahme ausgehen, dass alle österreichischen Jugendlichen wie mit einem Staubsauger Ausdrücke aus „norddeutschen" TV-Moderationen oder aus „norddeutsch" synchronisierten US-Filmen aufsaugen und sofort in ihren Sprachgebrauch integrieren. Über die Zahl der aus Norddeutschland importierten Ausdrücke lässt sich nur spekulieren. Wenn man dieses Buch durchblättert, springen sie einem vielleicht ins Auge, gemessen am Wortschatz eines Jugendlichen machen sie aber sicher nur einen kleinen Prozentsatz aus. Was sie so auffällig macht, ist wohl der Umstand, dass sie so häufig verwendet werden, sobald sie Kultstatus erlangt haben. In zwei Fällen sind allerdings norddeutsche Spracheigenheiten bereits Standard vieler österreichischer Jugendlicher. Dazu gehört die inflationäre Verwendung von Floskeln wie „mal", „erst mal", „nur mal" etc. und die Verkürzung des unbestimmten Artikels: „'ne CD" statt „ a' CD", „'nen Ball" statt „an Ball" etc.

- Der Sprachaustausch zwischen Deutschland und Österreich ist keine Einbahnstraße. Es gibt auch Ausdrücke des österreichischen Deutsch, die nach Norden wandern. Dazu gehört beispielsweise das Wort ▷ „chiggen" (= rauchen); ferner „eh", „eh klar", „halt" uvm. Auch das in Österreich entstandene Zeitwort „vertschüssen" wird im Norden Deutschlands immer öfters verwendet. Eigentlich kurios: Der zunächst im Norden Deutschlands gebräuchliche Gruß ▷ „tschüß" wandert nach Österreich, daraus wird in der Jugendsprache das Zeitwort ▷ „vertschüssen", das dann wieder in den Norden Deutschlands gelangt.

- Viele Begriffe werden verstärkt, indem man ▷ „derb(st)", ▷ „end-", ▷ „fucking", ▷ „giga", ▷ „gummi", ▷ „hammer", ▷ „mega", ▷ „mörder", ▷ „ober", „spitzen", ▷ „supi", ▷ „übel(st)", ▷ „über", ▷ „ur(e)", ▷ „voi", ▷ „voigas", ▷ „zach" etc. davor setzt. Oft werden mehrere Verstärkungen dieser Art aneinander gereiht: „De isch so hammer mega super geil drauf!" oder „Ihr seids voll fett krass!" Welche Ausdrücke aus dem großen Repertoire tatsächlich verwendet werden, ist von Gruppe zu Gruppe verschieden, auch hier dient also die Wortwahl der Abgrenzung und Identitätsfindung. Zwischen den einzelnen „Verstärkern" werden keine Beistriche gesetzt. Außerdem werden zusammengesetzte Hauptwörter, die schon längst feste Begriffe geworden sind, in ihre Komponenten zerlegt: aus „so ein Scheißkerl" wird „so ein scheiß Kerl", aus „so eine Scheißdreckseite" wird „so eine scheiß dreck Seite".

- Vereinzelt werden Wörter oder ganze Sätze auch dadurch verfremdet, dass sie von hinten nach vorne geschrieben und gesprochen werden („beil hcid bah"), oder man vertauscht die Silben. Berühmte Beispiele, die bereits Generationen von Jugendlichen amüsiert haben, sind ▷ „kehrvert" (statt „verkehrt") und ▷ „hochhaus gewinnen" (statt „haushoch gewinnen").
  Besonders beliebt ist diese Praxis heute in der französischen Jugendsprache, sie wird dort *le Verlan* genannt, der Ausdruck selbst ist eine Silbenvertauschung von *l'envers* (= verkehrt). Bei der Silbenvertauschung kann die Schriftform der Silben beibehalten werden, zB „chébran" statt „branché" (= modebewusst, up to date) oder „tromé" statt „métro" (= U-Bahn). Es kann aber die Schriftform auch mit der Absicht verändert werden, dass die Lautform der Silben erhalten bleibt, zB „ripoux" statt „pourri" (= faul, verdorben, vergammelt), „zarbi" statt

„bizarre" (= bizarr), „beu(er)" statt „herbe" (= Kraut, steht oft auch für „Cannabis"). Im Amerikanischen und im Englischen sind solche Umkehrungen selten, aber sie sind ebenfalls anzutreffen. So wird beispielsweise aus *noob* (= Neuling) das Wort *boon*; beide Ausdrücke werden auch von österreichischen Jugendlichen im Web verwendet. In der Jugendsprache gibt es überdies Anlautvertauschungen als eine Art Blödelei: ⊳ „Kentucky Schreit Ficken" (= Kentucky Fried Chicken), ⊳ „gefickt eingeschädelt" (= geschickt eingefädelt) etc.

- In einigen wenigen Fällen haben deutsche Ausdrücke Eingang in den ⊳ „Leetspeak" des angloamerikanischen Sprachraums gefunden. „uber" von deutsch ⊳ „über" wird in Zusammensetzungen wie „ub3r-leet", ub3r-l337" oder „I am uber cool", „! @m UB3R c00l!" verwendet. Auch das Wort „ist" hat sich in Amerika und in Großbritannien ausgebreitet, meist im Zusammenhang mit „tot": „The link ist dead!"

- Die Jugendsprache ist eine Insidersprache. Manche Ausdrücke sind deshalb kreiert worden, damit sie gerade von Erwachsenen nicht verstanden werden. Dazu gehören vor allem die Ausdrücke aus dem Bereich „Haschisch und Marihuana". Den Ausdruck „Joint" kennen die heute Fünfzigjährigen aus ihrer Jugend, deshalb verwenden die Jugendlichen andere Ausdrücke, wie beispielsweise ⊳ „Ofen". Beliebt sind auch mehrdeutige Wörter. So heißt ⊳ „chillen" nicht nur „sich ausruhen, sich entspannen", sondern auch „Cannabis-Zigaretten rauchen". Ein anderer Ausdruck dafür ist ⊳ „heizen" (in der Mundart „hazen" oder „hoazen"); im allgemeinen Sprachgebrauch bedeutet „sich eine Zigarette (an)heizen" so viel wie „sich eine Zigarette anzünden", und damit ist eine normale Tabakzigarette gemeint.

- Wenn Ausdrücke des allgemeinen Sprachgebrauchs veralten oder aussterben, haben sie eine Chance, dass sie von nachfolgenden Generationen in die Jugendsprache aufgenommen werden. So wird das in Zeiten der Monarchie so beliebte „Habe die Ehre" heute von Erwachsenen nicht mehr verwendet; die Jugendlichen haben es als ⊳ „dere" wieder belebt und pflegen es in der Alltagskommunikation.

- Es besteht ein Hang zu Verkürzungen: aus „Alkohol" wird ⊳ „Alk", aus „Majonäse" wird ⊳ „Majo". Daneben gibt es jede Menge Abkürzungen, die aus Buchstaben bestehen. Sie werden oft in der Schriftform verwendet, manchmal auch mündlich. ⊳ „TXV" ist eine Abkürzung für den Unterrichtsgegenstand „Textverarbeitung", ⊳ „WE" für „Wochenende", ⊳ „DIF" für das „Wiener Donauinselfest" und ⊳ „Mäci" für „McDonald's" bzw. für „Hamburger".

- Ein Teil der Ausdrücke sind neue Wortschöpfungen, wie zB ▷ „alken" (= sich hemmungslos betrinken). Aus zwei Wörtern kann ein neues entstehen: aus „einsam" und „allein" wird ▷ „alleinsam". Neue Wortschöpfungen durch Zusammensetzungen sind selten, doch wenn ein neues Wort entsteht, dann trifft es die Sache: Wer beispielsweise ▷ „Brüllwürfel" oder ▷ „Schachtelwirt" gehört hat, wird diese Ausdrücke nicht so schnell vergessen.

- In einigen Publikationen über die bundesdeutsche Jugendsprache findet man extreme Formen der Wortaddition. Dazu gehört beispielsweise „Teletubbyzurückwinker" (= „Schwächling", analog zu „Warmduscher"). Über solche Ausdrücke amüsieren sich zwar die Erwachsenen, aber die Jugendlichen verwenden sie kaum. Gibt man dieses angebliche Modewort in die Suchmaschine Google ein, so findet man im gesamten deutschen Sprachraum nur einen einzigen Beleg. Auch lustig klingende Wörter wie „Gripsräver" und „Saugnaffel" lassen sich im Internet nicht verifizieren. Man findet sie in keinem Forum, auf keiner Nickpage! In diesen Fällen scheinen also eher Erwachsene, und zwar Buchautoren, sprachschöpferisch am Werk gewesen zu sein. Auch ein passender Ausdruck existiert für dieses Phänomen bereits: „gefakte Jugendsprache".

- In einigen Fällen haben Wörter zahlreiche und vielschichtige Bedeutungen: So kann das Zeitwort ▷ „abgehen" in der Jugendsprache des österreichischen Deutsch vielerlei bedeuten: „eine Ejakulation haben", „in Ekstase geraten", „verrückt werden", „sich krank lachen", „etwas los sein", „geschehen, passieren", „fehlen". Nur aus dem Zusammenhang lässt sich erkennen, was gemeint ist. Wenn die Jugendlichen ein neues Wort kreieren, hat man den Eindruck, dass sie zunächst die vielfältigen Verwendungsmöglichkeiten testen – da kann ein Erwachsener schon den Eindruck gewinnen, dass das Wort alles oder nichts bedeutet. So heißt ▷ „verpeilen" so viel wie „vergessen, verschwitzen, verabsäumen", wer aber sagt „ich bin verpeilt", der meint damit, dass er „verwirrt" ist. Zu guter Letzt kann auch noch ein gescanntes Bild „verpeilt" sein.

- Fäkalausdrücke und Begriffe aus dem Sexualbereich sind für viele Jugendliche alltäglich. Diese mögen zwar für Erwachsene anstößig klingen, sind aber meistens nicht ernst gemeint. Es kann also tatsächlich „normal" sein, wenn man hört, dass ein Jugendlicher zu seinem Freund sagt: „Ach, ▷ fick dich doch in den Arsch, du ▷ Spasti!", denn es heißt so viel wie „Lass mich doch in Ruhe!". Der Umgang mit Wörtern aus dem Fäkal- und Sexualbereich ist jedoch von Gruppe zu Gruppe verschieden, in manchen

Gruppen ist die Verwendung dieser Ausdrücke verpönt. Ganz allgemein lässt sich feststellen, dass ursprünglich grob gemeinte Schimpfwörter viel von ihrer Bösartigkeit eingebüßt haben und in der Jugendsprache sogar als scherzhafte Anrede unter Freunden verwendet werden. Dazu gehören Ausdrücke wie ▷ „Arschgeige" oder ▷ „Nudlaug".

- Bei Fäkalausdrücken und bei Begriffen aus dem Sexualbereich ist die Tendenz feststellbar, dass Wörter aus fremden Sprachgebieten bereitwillig übernommen werden, weil sie nicht so unanständig klingen wie die meist recht vorbelasteten Ausdrücke der eigenen Mundart. So wird das norddeutsche „Titten" dem heimischen Ausdruck „Tutteln" vorgezogen, ▷ „Schniedelwutz" wird statt „Beidl" verwendet, „Muschi" und „Mumu" statt ▷ „Fut", „pinkeln" und „pissen" statt „brunzen". Aber es gibt auch Ausnahmen. Das Wort ▷ „schnackseln" hat sich vom Süden Österreichs nach Wien ausgebreitet und macht zurzeit sogar in Deutschland Karriere: Es ist vor kurzem in den Rechtschreib-Duden aufgenommen worden.

- Bleiben wir noch kurz bei dem Ausdruck ▷ „Spasti": Erwachsene werden darunter eine Diskriminierung Behinderter sehen, ebenso wie bei ▷ „Mongo". Doch die Grundsätze der „political correctness", aufgestellt von Erwachsenen, spielen bei vielen Jugendlichen nur eine untergeordnete Rolle oder werden manchmal bewusst durchbrochen. Stattdessen regiert der schwarze Humor. Wenn ein Jugendlicher „Spasti" sagt, dann bedeutet dieses Wort „Dummkopf", an die ursprüngliche Bedeutung des Ausdrucks wird oft gar nicht mehr gedacht. „Mongo" bedeutet „Gestörter" und kann sogar als Anrede unter Freunden verwendet werden.

- Manche Ausdrücke der Jugendsprache verschwinden nach 5, 10 oder 15 Jahren, andere bleiben viele Jahre bestehen, finden oft sogar Eingang in den allgemeinen Sprachgebrauch. Später können sie auch wieder in der Jugendsprache zum Modewort werden. So ist das Wort ▷ „lei(n)wand, Leiwand" mit der Bedeutung „großartig" ein derartiger Dauerbrenner. Es ist schon vor Jahrzehnten von Jugendlichen verwendet worden und gilt auch heute noch als Fixpunkt der Jugendsprache.

Die Werbebranche bedient sich oft der Jugendsprache, um einer Firma oder einem Produkt ein jugendliches Image zu geben. Umgekehrt finden manchmal Ausdrücke der Werbung Eingang in die Jugendsprache, zB ▷ „poppen" aus der Pringles-Werbung. Die Jugendlichen haben sich auch des Hustinettenbärs bemächtigt und daraus eine neue Wendung kreiert: „sich ▷ aufpudeln wie der Hustinettenbär".

Manche konstatieren unter unserer Jugend eine Sprachverarmung. Das Gegenteil ist wahr. Wer genau hinhört und nachliest, wie die Jugendlichen miteinander kommunizieren, der kann von Sprachverarmung nichts feststellen. Die Jugendsprache sprüht geradezu vor Kreativität! Auch die Unkenrufe, dass die schriftliche Kommunikation durch Kino, Fernsehen und Video ins Hintertreffen geraten wird, haben sich nicht bewahrheitet. Was heute in Foren, auf Nickpages und in Blogs geschrieben wird, stellt vom Umfang her die Epoche des Briefeschreibens glatt in den Schatten.

Dieses Buch ist auch für jene geschrieben, die sich schlicht und einfach für die Sprache interessieren. Wenn wir uns mit der Sprache der Jugendlichen befassen, werfen wir einen Blick auf die Zukunft unserer Sprache. Sicher, das eine oder andere wird aus der Mode kommen und vergessen werden, manches wird aber eines Tages zur Norm werden. Die überwiegende Mehrheit der hier aufgelisteten Wörter findet man heute mit ihrer jugendsprachlichen Bedeutung weder im Rechtschreibduden noch im Österreichischen Wörterbuch. Aber das wird schon werden.

Last, but not least – wie es so schön heißt – ein Hinweis für Eltern und ein Tipp für Schüler. Beginnen wir bei den Eltern. Auf manchen CDs Ihrer Kids haben Sie vielleicht ein Logo mit folgendem Text gefunden: „PARENTAL ADVISORY: EXPLICIT CONTENT". Wenn Sie zu jener kleinen Minderheit von Eltern gehören, die dagegen ankämpfen, dass Ihre Tochter oder Ihr Sohn mit „garstigen" Ausdrücken konfrontiert wird, dann sollten Sie auch dieses Buch vor ihr bzw. vor ihm fernhalten. Denn Schimpfwörter und Ausdrücke aus dem Sexualbereich sind Teil der Jugendsprache und auch Thema dieses Buches.

Den Schülern, die sich der Jugendsprache verpflichtet fühlen, möchten wir raten, bis zur nächsten Deutsch-Schularbeit alles zu vergessen, was in diesem Buch steht. Wer in der Schule in den Internetjargon verfällt oder an Formen des „Leetspeak" auch nur denkt, wird bombensicher ▷„einflecken".

Übrigens: Mit einem kleinen Fragebogen am Ende dieses Lexikons können Sie Ihr Wissen über die Jugendsprache testen!

---

*) Die Textbeispiele sind behutsam lektoriert worden. In jenen Fällen, wo im Original eine generelle Kleinschreibung verwendet worden ist, sind jene Wörter auf Großschreibung geändert worden, wo dies die Rechtschreibregeln vorsehen. Obwohl wir die generelle Kleinschreibung im Web für vernünftig erachten, scheint sie für eine Veröffentlichung in Buchform zum gegenwärtigen Zeitpunkt nicht geeignet zu sein, weil sie manche Leserinnen und Leser vor den Kopf stößt.

Bei folgenden Stichwörtern haben wir die entsprechende Eintragung im freien Internetlexikon „Wikipedia" verwendet: „chillen", „flashen", „Fuzzi", „googeln", „Headbanger", „Leetspeak", „Mongo", „plenken", „prellen", „lollen", „Thrash Metal", „le Verlan", „XTC". Die deutschsprachige Version ist unter http://de.wikipedia.org abrufbar, die englischsprachige unter http://en.wikipedia.org, die französischsprachige unter http://fr.wikipedia.org. Als Wörterbuch haben wir http://wiktionary.org/ verwendet, ferner „Leo", einen kostenlosen Online-Service der Universität München; das Wörterbuch Englisch – Deutsch, Deutsch – Englisch, Französisch – Deutsch, Deutsch – Französisch ist unter http://dict.leo.org abrufbar. Die Etymologien deutscher Ausdrücke stammen aus dem Buch „Kluge. Etymologisches Wörterbuch der deutschen Sprache", 24. Auflage, 2002, und aus dem Grimm'schen Wörterbuch, das unter http://www.dwb.uni-trier.de/index.html abrufbar ist. Die englischen Etymologien stammen von der Website http://www.etymonline.com. Was die Mundartausdrücke in Wien und Umgebung anlangt, war das „Wörterbuch der Wiener Mundart" von Maria Hornung und Sigmar Grüner, 2. Auflage, 2002, eine stets zuverlässige Auskunftsquelle. Da Bayern und Österreich sprachlich einiges gemeinsam haben, war auch „Bayerisches Deutsch" von Ludwig Zehetner ein wichtiges Nachschlagewerk. Es ist 2005 in einer überarbeiteten und erweiterten Ausgabe erschienen.

Unser besonderer Dank gilt Claus Lehrner, Motorradwerkstätte „Technische Taten", 1210 Wien, Tetmayergasse 7, Universitätsprofessor Hans-Dieter Pohl, Klagenfurt, und Ulli Stachl, New York. „Winders Wörterbuch zur Gegenwart" auf derStandard.at (verfasst von Christoph Winder) war uns bei folgenden Stichwörtern eine Hilfe: „Arschgeweih", „Eugen", „Fuzzi", „Gasthaus zum Goldenen M", „jau", „Jennifer", „Proloschlauch" und „Schachtelwirt". Für die Durchsicht des Manuskripts danken wir Wolfgang Mayr.

a

abchillen

■ überhaupt nichts tun, sich entspannen

Auf unseren gemütlichen Sofas können wir auch mal einfach nur abchillen, was das Zeug hält.

Ist aber mehr ein Lokal zum Abchillen als zum ▷ Abtanzen. An jedem 1. Samstag im Monat bei 3 ▷ „Euronen" Eintritt legt dann auch ein DJ auf und dann kann getanzt werden.

Die Vorsilbe „ab-" führt hier zu einer Verstärkung des Ausdrucks ▷ „chillen", ähnlich wie bei ▷ „abfeiern", ▷ „abflacken", ▷ „abflirten", ▷ „abhängen" etc. Im allgemeinen Sprachgebrauch hat die Vorsilbe „ab-" die Grundbedeutung „von einem Ort weg" (zB abreisen, abfahren) und die negative Nebenbedeutung „miss-" (zB abgeschmackt, abhold, abschätzig). Die positive Verstärkerfunktion ist erst in neuerer Zeit so beliebt geworden und ein Wesensmerkmal der Jugendsprache. Manche Jugendliche in Österreich lehnen die mit einem verstärkenden „ab-" gebildeten Zeitwörter als „Piefkeausdrücke" entschieden ab, andere verwenden sie ohne Bedenken.

abfeiern

■ ausgiebig feiern

Kann man mit dir fett abfeiern?

Die Vorsilbe „ab-" hat auch hier eine verstärkende Funktion, ähnlich wie bei ▷ „abchillen".
Das Wort „Feier" ist im 9. Jahrhundert aus dem lateinischen *feriae* (= Festtage, Tage, an denen keine Geschäfte vorgenommen werden) abgeleitet worden.

abflacken

■ genüsslich und lange faul herumliegen

Was hast du in den Ferien so gemacht? Warst du im Urlaub? Ich war nur daheim und bin abgeflackt, sonst nichts.

Das Wort ⊳ „flacken" ist in Österreich und Süddeutschland heimisch und geht auf das Eigenschaftswort „flach" zurück, das auch „faul" bedeutet hat.
Auch hier verstärkt die Vorsilbe „ab-" die Bedeutung des Wortes, nur haben wir es bei „abflacken" mit einer interessanten Mischform zu tun: Das Basiswort „flacken" ist österreichisch bzw. süddeutsch, die Verwendung der Vorsilbe „ab-" entspricht hingegen dem norddeutschen Sprachgebrauch. In Österreich wird „abflacken" mit „sein" verknüpft, im Norden auch mit „haben". „Abflacken" gehört also zu den Wörtern, die eine Körperhaltung ausdrücken und im Süden des Sprachraums anders verwendet werden als im Norden; im Süden heißt es also „ich bin abgeflackt", in Norddeutschland „ich habe abgeflackt".

abflirten

■ hingebungsvoll flirten

Das Motto ist also Männer kennen lernen und bei Bierlaune heftig abflirten.

Nach dem Muster anderer Wörter wird aus „flirten" die Form „abflirten" gebildet – eine Art Verstärkung.
Der Ausdruck „Flirt" (= unverbindliche erotische Beziehung von kurzer Dauer) ist im 19. Jahrhundert aus dem Englischen ins Deutsche gelangt, die Ursprungsbedeutung ist nicht geklärt. Das Zeitwort „flirten" bedeutet: „jemandem durch Gesten, Blicke, Worte seine erotische Zuneigung zum Ausdruck bringen".

abgedreht

■ ausgeflippt, verrückt

Meine Hobbys? Lachn, Musik hearn ... und alles machen, was ein bisschen abgedreht ist!

■ sehr, besonders, äußerst (ein Eigenschaftswort verstärkend)

Bestes Album von Radiohead ist meiner Meinung nach „OK Computer" (vor allem zum Einsteigen) ... Is noch ned sooo abgedreht geil wie „Kid A" und „Amnesiac", aber trotzdem auch noch weit weg vom Mainstream.

Das Wort „abgedreht" bedeutet in Österreich und in Bayern nicht nur „abgeschaltet", sondern umgangssprachlich auch „gerissen", „raffiniert", „gewieft", „durchtrieben". Man sagt also: „Na, du bist vielleicht odraht!" (= „Du bist vielleicht gerissen!") Und: „Der ist ein odrahter Kerl!" (= „Der ist ein gerissener Kerl.") In der Jugendsprache ist die Bedeutung „ausgeflippt", „verrückt" dazugekommen. Auf den mundartlichen Klang wird meist verzichtet, man sagt also nicht „odraht", sondern „abgedreht". Außerdem wird der Ausdruck verstärkend vor Eigenschaftswörter gesetzt.

abgehen

■ eine Ejakulation haben, in Ekstase geraten, verrückt werden

Bis bald, geila Hase! Meld dich mal wieder!!! Bei deiner geilen Stimme geht mir einer ab! Bye, ciao, cu soon.

■ etwas los sein

Bald sind Ferien und da gehts ab.

Die Fullmoon Party ist immer nur auf Koh Phangan? Oder auf allen Inseln? Das geht richtig ab, oder?

■ geschehen, passieren

Ich glaub, ich ▷ vertschüss mich aus diesem Chat ... Lächerlich, was da abgeht.

■ fehlen

Ach, tut mir Leid, aba du gehst mir ab, und ich weiß nicht, was ich tun soll.

Ein Wort, viele Bedeutungen! Die ersten drei Verwendungen sind in Deutschland entstanden und haben sich inzwischen über Österreich ausgebreitet. Sie werden vor allem von Jugendlichen gebraucht, sind aber auch schon in der Werbung zu hören gewesen.
Die letzte Bedeutung ist ein Austriazismus, also eine Eigenheit des österreichischen Deutsch. „Abgehen" im Sinn von „fehlen" wird ein Deutscher im Normalfall nicht verstehen. In Felix Mitterers TV-Vierteiler „Die Piefke-Saga" (1989–92) findet sich folgender Dialog zwischen einem jungen Tiroler (genannt Joe) und einer jungen Berlinerin (Sabine): Joe: „Du bist mir abgegangen!" – Sabine: „Was?" – Joe: „No, abgangen bist mir!" (Sabine versteht nicht.) – Joe: „Furchtbar is des! Mir werdn uns nie verstehn! Gfehlt hast mir!"

abhängen

■ sich entspannen, sich unterhalten

Zweimal pro Woche auszugehen ist normal, am liebsten in ▷ chillige Lokale, wo man abhängen kann und die Musik gut, aber nicht zu laut ist.

Dieses Zeitwort ist wohl in Anlehnung an „(he)rumhängen" (= ohne sinnvolle Beschäftigung sein, sich irgendwo zum bloßen Zeitvertreib aufhalten) gebildet worden.

abrippen
■ stehlen

Meldet euch, bevor ihr anruft! Ah so ... aber SMSn wird ned gehn, mir hat jemand mein Handy abgerippt!

■ abschauen, kopieren, nachmachen

Hab nen neuen ▷ *Nick. Alter wurde mir abgerippt.*

■ abluchsen

Brauch dringend ein Motorola-Ladegerät. Hab gestern meinem Ex ein Handy abgerippt!

Der Ausdruck „abrippen" ist eine Lehnübersetzung aus dem Englischen; *to rip something off* heißt so viel wie „etwas stehlen", „etwas mitgehen lassen". Das Hauptwort *rip off* bedeutet „Abzockerei", „Beschiss", „Nepp". Beim letzten Textbeispiel handelt es sich um die „listige Aneignung" eines Gegenstands, der für den Besitzer vielleicht gar nicht mehr so wichtig war.

abrofeln ▷ **„rofeln"**

abtanzen
■ sich beim Tanzen völlig verausgaben, sich tanzend austoben

Muss euch echt ein großes Lob aussprechen, ihr wart echt super drauf (is ja aber auch kein Wunder bei Fans wie uns, die den ganzen Abend mit euch abtanzen).

Der Ausdruck ist eine Erweiterung zu „tanzen", mit der verstärkenden Vorsilbe „ab-". Das Zeitwort „tanzen" ist aus dem Französischen entlehnt und eine Eindeutschung von *danser.*

ACAB
■ Schmähformel gegenüber Polizisten

Hatte letzten Sonntag a Schlägerei beim Eishockey: ACAB.

Dabei handelt es sich um eine Abkürzung für *all cops are bastards* (= alle Polizisten sind Bastarde); das Kürzel wird europaweit von Jugendlichen verwendet, vor allem in Sportstadien und bei Popkonzerten. Außerdem findet man ACAB auch auf Websites unter der Rubrik „Hobbys". Hier werden die Ordnungshüter zu persönlichen Feindbildern hochstilisiert, um sich ein flotteres Image zu geben.

Affenhänger

■ hochgezogener Motorradlenker

Feuriger Beachcruiser mit coolem Affenhänger.

Dieses Wort der Bikersprache ist eine Lehnübersetzung des englischen Worts *apehanger.* In der Wiener Mundart gibt es die Redensart „wie der Aff am Schleifstaan sitzen" (= unbeholfen, v. a. auf dem Mofa, Moped, Motorrad sitzen).

afk sein

■ weg sein

Sorry, hab den ▷ Entry zu spät gesehen, da ich kurz afk war ...

Bin kurz afk, meine Nachbarin umbringen!

„Afk" bedeutet im Chat *away from keyboard* (= weg von der Tastatur). „Kurz afk" bedeutet also „Ich bin kurz weg". Die Rückkehr wird mit „bak" (= *back at keyboard*) gemeldet. Die eingedeutschte Form von afk lautet „wvT" (= weg von der Tastatur).

Alk

■ Alkohol

Hast leicht a schlechte Erfahrung mid Alk gmocht?

In der Jugendsprache wird „Alkohol" oft zu „Alk" verkürzt.
Das Wort „Alkohol" ist im 16. Jahrhundert über das Spanische ins Deutsche gelangt. Die Spanier haben das Wort von den Arabern übernommen. Dort war es die Bezeichnung für Antimon, ein Halbmetall. Ein daraus hergestelltes Pulver wurde zum Schwärzen der Augenlider, Wimpern und Augenbrauen verwendet. Im deutschen Sprachraum hat man unter Alkohol zunächst nur „Weingeist" verstanden. Erst nach der Entdeckung anderer Alkohole ist das Wort zu einem Oberbegriff für alle alkoholischen Getränke geworden.

alken

■ saufen, sich hemmungslos betrinken

Na, das is ja super, dass du das ▷ WE überlebt hast und dich net zu Tode gealkt hast.

Hier haben die Jugendlichen vom Hauptwort ▷ „Alk" gleich ein Zeitwort abgeleitet: „alken". Der Ausdruck scheint aus Deutschland zu stammen. In seiner extremsten Form ist das „Komasaufen" (= Saufen bis zur Bewusstlosigkeit, bis zum Umfallen) gemeint.

alleinsam

■ allein und einsam

Zu zweit auf 2 Bikes is schon schöner und ned so alleinsam, überhaupt bei so aner langen Tour wie da Glockner! Da bin ich sonst so alleinsam!

Aus Spaß werden zwei Wörter kombiniert: Aus „allein" und „einsam" wird „alleinsam". Oft entstehen derartige Wörter durch einen Versprecher: Jemand will sagen: „Ich bin allein!", denkt aber an: „Ich bin einsam!" Daraus wird dann: „Ich bin alleinsam!" Oder: „Ich fühle mich alleinsam!"

Alles bongo im Kongo? Alles brontal in Senegal? Alles cool in Kabul? Alles easy in Brindisi? Alles fit im Schritt? Alles glatt in Islamabatt? Alles glatt in Donaustadt? Alles konkret in Tibet? Alles leiwand in Thailand? Alles roger in Kompocha?

■ Alles ok?

Bin daheim blieben, weil ich morgen um 5 raus muss! Sorry! Sonst is alles brontal in Senegal! Und bei dir?

Bei den Nonsensreimen mit der Bedeutung „Alles ok?" dominieren einerseits Modewörter der Jugendsprache wie ▷ „brontal", ▷ „cool", ▷ „konkret", ▷ „leiwand" etc., andererseits geografische Bezeichnungen. Eine äußerst beliebte Formel, die allerdings nicht in dieses Muster passt, weil sie ohne Geografie auskommt, ist „fit im Schritt".
Falsche Schreibungen der geografischen Bezeichnungen sind nach dem Prinzip des ▷ „Leetspeak" Absicht. Wenn aus „Islamabad" die Schreibung „Islamabatt" wird, aus „Kambodscha" die Schreibung „Kompocha" verbessert sich sogar der Reim. Der Gedanke an das ähnlich lautende Getränk „Kombucha" (gesprochen: *kombucha*) spielt in diesem Fall vielleicht auch eine Rolle.
Der Boom derartiger Sprüche wurde wohl von den Münchner Blödlern Erkan & Stefan ausgelöst, die in ihren Kinofilmen derartige Sprüche öfters verwendet haben.

angesagt sein

■ geplant sein

Ja, am ▷ WE ist wieder fuat gehn angesagt!

Das Zeitwort „ansagen" bedeutet im allgemeinen Sprachgebrauch „ankündigen", „bekannt geben" oder „diktieren" (im Sinne von im Büro etwas zum Diktat ansagen). In der Jugendsprache wird der Ausdruck hauptsächlich dazu verwendet, um eine in Aussicht genommene Freizeitaktivität anzukündigen.

arg, oag

■ schlimm, übel, unangenehm

Jo, de Story is voi oag und voi traurig!

■ sehr, überaus (verstärkend)

Hob di a voi oag lieb, mein Teufelchen!!!

Das Wort „arg" hat im Mittelalter so viel wie „vor sexueller Erregung zitternd" bedeutet. Außerdem ist der Ausdruck als Schimpfwort verwendet worden, vergleichbar mit dem heutigen Hauptwort ▷ „Arschgeige". Später hat das Wort dann „niederträchtig", „böse" bedeutet (zB Arges im Sinn haben).
Die oben angeführten Bedeutungen des Wortes in der Jugendsprache stammen aus den Mundarten. „Arg" (meist „oag" geschrieben) ist unter Jugendlichen heute ein Modewort.

argh

■ Ausruf extremer Unzufriedenheit

Argh! War gestern am Abend fein am Tipseln (oder zumindest wollte ich) und dann ist das schlimmste anzunehmende Unglück passiert: WASSER hat sich auf meinem Notebook breit gemacht!

Hier handelt es sich um einen klassischen Ausruf extremer Unzufriedenheit, in Computerspielen ist „argh" die Reaktion auf eine Niederlage oder auf den eben eingetretenen Tod. Das Wort stammt aus der Comicsprache.

Argh

■ arger Fehler

Das Archiv enthält einen Argh.

Inzwischen hat sich „argh" auch zu einem Hauptwort entwickelt; es bedeutet so viel wie „arger Fehler".

Armaturenschlecker

■ sportliches Motorrad

Bin einfach zu alt für so Armaturenschlecker!!

Unter einem „Armaturenschlecker" versteht man in der Bikersprache ein sportliches Motorrad („Supersportler"), auf dem man in stark gebückter Haltung sitzt. Das ist die Folge eines M-förmig nach unten gezogenen Lenkers, der auch ▷ „Krickerl" genannt wird. In Deutschland sagt man eher „Instrumentenschlecker".

jemandem am Arsch vorbeigehen

■ jemanden nicht berühren, jemanden kalt lassen, jemandem gleichgültig sein

Ihr seids soo saugeil, eich geht a 's Lernen am Oasch vorbei ... Guat so ... Ned soiche Streba wie in gewissen anderen Schulen ...

Solche Leit wie du gehn ma am Oarsch vorbei!

I bin fui in so ana Winter-Depri-Phase. Mir geht derzeit ois am Orsch vorbei, wirklich ois. I wü mi zu nix aufraffn, i was ned, i lieg die meiste Zeit im Bett, schau fern und lass is Lebn an mir vorbeiziehen.

Diese Redewendung ist Teil des allgemeinen Sprachgebrauchs, wird aber in manchen Jugendgruppen besonders häufig verwendet.
Das Wort „Arsch" hat im frühen Mittelalter *ars* gelautet; vermutlich geht es auf einen Ausdruck zurück, der „Berg", „Anhöhe" bedeutet hat.

Arschgeige(rl)

■ ein Schimpfwort, auch Anrede unter Freunden

Sie sind ein deppertes, ignorantes Arschgeigerl!

Guten Morgen, mein kleines Arschgeigerl, bin um 5 Uhr früh nach Hause, aber frag nicht wie ...

Unter „Arschgeige" hat man ursprünglich den „passiven Partner beim Analverkehr" verstanden, meist in einer homosexuellen Beziehung, aber auch unter Heteros. In der Jugendsprache wird der Ausdruck als allgemeines Schimpfwort gebraucht, ähnlich wie „Arschloch", die eigentliche Bedeutung des Ausdrucks ist oft gar nicht bekannt.
Die Kabarettisten Alfred Dorfer und Josef Hader haben zur Wiederbelebung des Ausdrucks beigetragen. „Ich glaub, Sie sind einfach ein deppertes, ignorantes Arschgeigerl", sagt Kurt Fellner (dargestellt von Alfred Dorfer) zu Heinzi Bösel (dargestellt von Josef Hader) in „Indien" (1. Akt, 5. Szene der Bühnenfassung). „Kannst net grüßen, du Arschgeigerl", ruft Fellner dann vom Krankenbett einem Arzt nach (2. Akt, 2. Szene). – Die Tragikomödie war auch als Film ein großer Erfolg.
Da die Verbindung von „Arsch" und „Geige" komisch klingt, dient der Ausdruck heute auch als harmlose Anrede gegenüber Freunden, die man kritisieren möchte – so wie „na, du klans Arscherl" nicht nur bösartig, sondern auch scherzhaft verwendet werden kann.

Arschgeweih

■ Tattoo oberhalb des Steißbeins

Ein Arschgeweih kombiniert mit einer sehr tief sitzenden Hüftjean, die den Blick darauf erlaubt, ist schon sehr sexy.

Ich hätte gern ein ⊳ Tribal, und zwar auf dem Rücken, besser gesagt: Ich möchte ein Arschgeweih.

Heute das erste Mal ein Auto mit Arschgeweih gesehen ...

Ein symmetrisches Tattoo oberhalb des Steißbeins heißt im deutschen Sprachraum seit einiger Zeit „Arschgeweih", auch ⊳ „Heckspoiler", im Englischen *tramp stamp*. Diese Tätowierungsform wird fast ausschließlich von Frauen getragen, sie ist in den 1990er Jahren in Mode gekommen, als sich bauchnabelfreie Oberteile immer größerer Beliebtheit erfreut haben. Ein „Arschgeweih" ist T-förmig, allerdings wesentlich breiter als hoch. Der Begriff wird nicht nur abwertend gebraucht, auch professionelle Tätowierer (⊳ „Pecker") verwenden den Ausdruck gegenüber ihren Kunden. Ob der Ausdruck in Österreich entstanden ist oder im Süden Deutschlands, lässt sich schwer sagen. Bekannt gemacht hat ihn der bayerische Kabarettist Michael Mittermeier. In kaum einem seiner Programme fehlt ein Scherz über die symmetrischen Tätowierungen oberhalb des Gesäßes. „Wenn du eine mit Arschgeweih von hinten ⊳ poppst, sieht das aus, wie wenn dir ein Hirsch einen bläst", heißt es beispielsweise im Programm „Paranoid" (11. Juni 2005, Gasometer, Wien).
Die mundartliche Schreibung „Oaschgweih" ist eher selten anzutreffen.
Das Wort „Geweih" ist im Mittelalter als *gewige* (mit langem i) bekannt gewesen, es besteht eine Verwandtschaft mit dem Wort „Zweig". Das „Geweih" heißt also deshalb so, weil es wie ein „Geäst" aussieht.

Dieses Arschgeweih zählt zu den kleineren Exemplaren der Spezies

arschkalt
■ bitterkalt

Das Thermometer zeigt minus 11 Grad – es ist arschkalt.

Hinter dem Eigenschaftswort „arschkalt" steckt vermutlich der Gedanke an die Wendung „sich den Arsch abfrieren". Das in der Jugendsprache gängige Wort „arschkalt" ist sicher auch vielen Erwachsenen geläufig, dennoch ist es weder im Österreichischen Wörterbuch noch im Rechtschreib-Duden noch im achtbändigen Duden zu finden.
Anstelle von „Es ist arschkalt" kann man auch sagen: „Ich glaub, mich ▷ fickt der Minus / ein Eisbär." Das Gegenteil von „arschkalt" ist ▷ „scheißheiß".

sich aufbrezeln
■ sich auffällig schminken oder kleiden

Ich suche ein ehrliches Mädl. Sie sollte keine Spaßbremse sein und Charakter haben. Darunter versteh ich auch, dass sie sich nicht 30 Minuten in der Früh schminken soll oder sich mit dem ärgsten Nuttenfummel aufbrezelt.

Na ja, hab mei ▷ NP jetz a bisserl aufbrezelt, ich glaub, des sagt auch a bissl mehr über mich.

■ stürzen, hinfallen

Bis jetzt fahr ich no in der Enduro-Panier! In der Halle gehts ja, aber im Sommer möchte ich dann schon eine gscheite Lederkombi haben. Weil wenns mich da aufbrezelt, kann ich mir alle paar Wochen ein neues Shirt kaufen!

Das Zeitwort „aufbrezeln" ist schon fast in Vergessenheit geraten, vor allem in der ersten Bedeutung wurde es kaum noch verwendet. Jetzt wird der Ausdruck in der Jugendsprache zum Modewort, sowohl in Deutschland als auch in Österreich. Das Hauptwort „Brezel", mundartlich „die Brezn", bezeichnet ein Gebäck.
Es geht zurück auf einen Ausdruck des Klosterlateins: *brachitum* (= Gebäck in der Gestalt verschlungener Arme), dieser wiederum auf *brachium* (= Arm).
Zweitere Bedeutung kommt davon, dass einer, der gestürzt ist, manchmal „wie eine Brezn" mit ausgestreckten Armen und Füßen auf dem Boden liegt („sich ▷ hinbrezeln").

(sich) aufpimpen
■ aufmotzen, sich aufdonnern, radikal verbessern oder verschönern

Body aufgepimpt, Zimmer fertig aufgepimpt, Auto aufgepimpt ...

Es gibt Länder, die müssen im derzeitigen Zustand ihre Stadien nicht mehr aufpimpen, weil die schon so EM-tauglich sind (siehe Deutschland – alle Stadien in der ersten Liga ca. 30.000 Sitzplätze stark, Spanien – same, England, Italien ...).

Das Wort ist durch die beliebte MTV-Serie „Pimp My Ride" populär geworden. In diesen Beiträgen lässt „Xzibit", der „Pimp Master of Ceremonies", alte und meist total heruntergekommene Autos kunstvoll aufmotzen, um dem Ego der Besitzer etwas Gutes zu tun. Herkunftswort: das amerikanische *pimp* (= Zuhälter), und zwar geht es um jene *pimps*, die in großen Schlitten unterwegs sind, mit riesigen Brillanten an den Fingern und vollbusigen Blondinen auf dem Beifahrersitz. Die Musikrichtung des „Gangsterrap" hat daraus einen Kult gemacht. *Pimps* waren spätestens dann im deutschen Sprachraum in aller Munde, als „50 Cent", der Inbegriff der amerikanischen Gangsterrapper, stolz sang: „I don't know what you heard about me; but I'm a fucking P.I.M.P." Neuerdings heißt „pimp" im städtischen Milieu der USA auch „halbseidener Typ, der immer in Begleitung einiger Mädchen auftaucht".
Das Zeitwort *to pimp* bedeutet „als Zuhälter tätig sein", „kuppeln", will also nicht so richtig zur Verwendung in „Pimp My Ride" passen. Vermutlich schwingt das ähnlich klingende *to primp* (= sich verschönern) mit. Bei dem zweiten Bestandteil

Xzibit, der „Pimp Master of Ceremonies"

des MTV-Titels, nämlich *ride*, handelt es sich um einen Slangausdruck für „Auto"; ins österreichische Deutsch übertragen wäre das „Schüssel" oder „Kübel". Frei übersetzt lautet der Sendungstitel also: „Motz mir meine Schüssel auf!"
Der Begriff „aufpimpen" ist für die deutsche Untertitelung der Sendung kreiert worden; MTV produziert für den deutschsprachigen Raum eine eigene Serie mit dem Titel „Pimp My Fahrrad".

Ins Deutsche entlehnt, ist das Wort *to pimp* mit der Vorsilbe „auf-" versehen worden, eine analoge Bildung zu ▷ „aufbrezeln", „aufdonnern", „aufmotzen" etc. Im ursprünglichen Sinn bedeutet das Wort „hirnverbrannt übertrieben zurechtmachen" oder „so aufmöbeln, dass es dem Geschmack eines Zuhälters entspricht". Das Wort kann sowohl auf Sachen als auch auf Personen bezogen werden (in letzterem Fall ist es so wie „aufdonnern" reflexiv). In einer milderen Variante steht es für „radikal verbessern oder verschönern".

sich aufpudeln wie der Hustinettenbär

■ sich wichtig machen, sich aufregen

Pudelt sich auf wie der Hustinettenbär, hehe.

Dabei spielt der Gedanke an einen „Pudel, der sich aufrichtet", eine Rolle. Die scherzhafte Redensart „Pudel di net auf, Hustinettenbär!" (= „Sei besser still!") stammt aus dem Film „Muttertag" (1994) von Harald Sicheritz, mit Eva Billisich, Alfred Dorfer, Roland Düringer, Andrea Händler, Reinhard Nowak uva.
Relevant für die Redewendung ist folgende Szene: Der Hausdetektiv eines Drogeriemarkts tarnt sich mit einem Eisbärkostüm. Immer wenn der Detektiv eingreifen will und seinen Eisbärkopf abnimmt, heißt es: „Pudel di ned auf, Hustinettenbär!" Der „Hustinettenbär" wirbt für die von Beiersdorf 1966 auf den Markt gebrachten „Hustinetten". (Dabei handelt es sich um Hustenbonbons mit 7 Kräutern.) Die legendären Werbespots aus den 1980er Jahren zeigen einen belehrend wirkenden Bären, der folgenden Satz spricht: „Da helfen gleich, das will ich wetten, die 7-Kräuter-Hustinetten!"

„Hustinetten"-Werbesujet aus den 1980er Jahren

auszucken

■ durchdrehen, außer Kontrolle geraten

Es ist zum Auszucken: Mein Windows-System macht wieder mal, was es will.

Des wor genau des Richtige für mein lätscherten Zustand: schön aggressiv und perfekt zum Auszucken, herrlich!

Der Ausdruck „auszucken" bedeutet im wörtlichen Sinn „eine Waffe ziehen". „Zücken" ist eine verstärkte Form (Intensivbildung) zu „ziehen", heißt also „rasch ziehen". Es handelt sich um einen echten Austriazismus: Wer google.at mit „Seiten aus Österreich" und anschließend google.de mit „Seiten aus Deutschland" anklickt, wird sehen, dass die Trefferquote in Österreich größer ist als in Deutschland – obwohl dort 10-mal so viele User sitzen!

den Ball flach halten

■ sich zurückhalten, sich nicht über etwas unnütz aufregen, sich beruhigen

Jetzt halt mal den Ball flach. Was soll da abartig sein, wenn sich Männer schminken? So a Schmarren ...

„Halt mal den Ball flach!" heißt „Beruhig dich wieder, geh mir nicht auf die Nerven!" Die Redewendung stammt aus der Fußballersprache. Dort ist „flach spielen" gleichbedeutend mit „sicher spielen". Die Übertragung auf Alltagssituationen ist vermutlich zuerst in Deutschland erfolgt, heute aber auch in Österreich geläufig.

Bandl

■ Autobahn

Anreise übers Bandl gibts bei uns ned. Zwischen Wien und Lienz werden alle Berg gschnupft, die so im Weg herumstehen. Nur wenn die Zeit zu knapp wird, gehts maximal 50 km übers Bandl.

Oida, fahr vom 23er Bandl obe, amoi ums Karree und bieg links beim ▷ Mäci eine hintern Horr-Platz. Am Ende parkst dei Tschesn ei und gehst links zum Brandineser.

„Bandl" ist eine Verkleinerungsform zu „Band". Die umgangssprachlichen Bedeutungen von „Bandl" sind vielfältig: „Schuhband", „Tonband", „MC", „VHS", „Anrufbeantworter" ... In der Bikersprache bedeutet „Bandl" so viel wie „Autobahn". Da Biker lieber auf Freilandstraßen fahren, empfinden sie die Autobahn als ein langweiliges Beton- oder Asphaltband. Mit „23er Bandl" ist die „A23" gemeint.

Banger ▷ Headbanger

Basiswappler

■ der kleine Mann von der Basis

Irgendein Partei-Oberfuzzi (▷ Fuzzi) sagt etwas im Fernsehen und dann gibts genug Basiswappler, die dafür sorgen, dass das, was der Oberfuzzi sagt, auch wirklich umgesetzt wird.

Der Ausdruck ist eine Kombination von „(Partei-)Basis" und „Wappler". Der grüne Nationalratsabgeordnete Karl Öllinger hat sich selbst so bezeichnet und den Ausdruck popularisiert. Inzwischen wird der Begriff auch in anderen Parteien und Gruppen verwendet. Ein „Wappler" ist ein „unbedeutender Mensch", im wörtlichen Sinn ein „Schmetterling". Der Ausdruck ist abgeleitet von „wappeln" (= sich schwankend bewegen).

Benzinbruder

■ Motorrad- oder Autofreak

Bin ein Benzinbruder aus Tirol und fiel zufällig über deine Seite. Gefällt mir nicht schlecht! Weiter so!!

Diverse fette Wageln: Hier seht ihr einen BMW 730d. Mit 193 PS bereitet dieser Heizölvernichter so manchem Benzinbruder Kopfzerbrechen.

„Die Benzinbrüder" heißt das 3. Soloprogramm des Kabarettisten Roland Düringer (1997). Seither wird nicht nur er als „Benzinbruder" bezeichnet, auch Motorradfreaks nennen sich so und verwenden den Ausdruck auch als Anrede unter Gleichgesinnten. Manchmal wird der Ausdruck auch auf Autofreaks bezogen. In den Medien wird „Benzinbruder" auch für das Benzinmodell eines Autos (im Unterschied zum Dieselmodell) verwendet.

Roland Düringer als „Benzinbruder"

Blaukappler ▷ Schwarzkappler

Blog

■ Weblog, Onlinetagebuch

Wenn ich ein Video-Blog hätte, dann würde man mich jetzt weinend vor dem PC sitzen sehen.

„Blog" ist ein Kunstwort für eine Website, die in regelmäßigen Abständen mit neuen Eintragungen versehen wird, also eine Art Onlinetagebuch. Es handelt sich dabei um eine Kurzform von „Weblog"; dieses Wort setzt sich aus „Web" und „Logbuch" zusammen. Das Wort gehört zum Internetjargon und wird generell, auch von älteren Usern, verwendet. „Blogs" stellen eine Art Gegenöffentlichkeit dar.

Bloggerei

■ zwanghaftes, nervtötendes Tagebuchschreiben im Internet

Mein Gott, ich bin ja auch ein versteckter Webtagebüchler, aber gewisse Auswüchse der Emo-Bloggerei gehen mir wahnsinnig auf den Wecker!

Die Endung „-ei" dient als Bezeichnung für einen Gewerbebetrieb (aus „waschen" wird beispielsweise „Wäscherei", aus „putzen" wird „Putzerei"), sie kann aber auch einen Begriff ins Negative kehren: aus „singen" wird „Singerei (= zwanghaftes, nervtötendes Singen).

Boon (gesprochen: *buhn*) ▷ **Noob**

bouldern (gesprochen: *boldern*)

■ seilfrei klettern (in Absprunghöhe)

Hi! Ich hab momentan einfach viel zu viel Zeit, die ich unnütz vorm PC vergeude ... Würd deshalb gern hin und wieder mal bouldern gehn ... Nur allein is halt gar so fad!

„Bouldern" ist ein seilfreies Klettern an Felsblöcken in einer Höhe von bis zu 3 Metern. Das heißt, es geht nicht zu hoch hinaus, sondern nur so weit, dass man noch abspringen kann. Damit die Landung nicht zu hart wird, ist auf dem Boden eine Matte aufgelegt. Früher ist „Bouldern" vor allem als Training für das Sportklettern benützt worden, heute gibt es immer mehr Jugendliche, die nicht mehr „klassisch" klettern, sondern sich nur noch dem „Bouldern" widmen. Es wird von Fans als „Klettern in seiner reinsten Form" bezeichnet.
Das Wort ist aus dem Englischen entlehnt; dort heißt das Hauptwort *boulder* so viel wie „Felsbrocken" (ursprünglich „von Wasser umspülter Fels in einem Fluss"). Wahrscheinlich ist das Wort aus einer skandinavischen Sprache ins Englische entlehnt worden.

breit

■ high, durch Drogen berauscht

Ich hab nämlich mal geträumt, dass ich ▷ kiffe und war dann im Traum echt total breit. Leider bin ich dann aufgewacht.

Niemals breit Fahrrad fahren!

Die gehobene Stimmung nach dem Genuss von Rauschgift wird mit einem englischen Lehnwort als *high* (= hoch) bezeichnet. Im Jargon ist daraus der Ausdruck „breit" geworden. Wer zu viel abgekriegt hat, ist „überbreit". Das Wort dürfte aus Deutschland stammen; es wird in Österreich von manchen Jugendlichen als „Piefkeausdruck" abgelehnt. Meist wird „breit" nur in Bezug auf Drogenkonsum gebraucht, nicht für einen Alkoholrausch. Manche Jugendliche verwenden „breit" aber auch im Sinn von „alkoholisiert". Wie der Ausdruck entstanden ist, lässt sich nicht mit Sicherheit sagen. Es könnte sich um eine Wortwahl handeln, die auf das „breite" Lächeln eines Menschen im Rauschzustand hindeutet.

brontal

■ super, großartig

Machst dir jetzt eigentlich auch so ein voll brontales T-Shirt?

■ sehr (verstärkend)

Find ich auch, der ist ja echt brontal schlecht. Wird Zeit, dass er geht, ist ja echt tragisch, was der so aufführt.

Hier handelt es sich um eine Zusammenziehung aus den Wörtern „brutal" und „frontal", die neue Bedeutung ist „super", „großartig". Der Ausdruck „brontal" wurde durch die in München lebenden Comedians „Erkan & Stefan" populär. „Alles brontal in Senegal?" ist ein gängiges Wortspiel.

Brüllwürfel

■ kleine PC-Boxen von schlechter Qualität

Ich weiß nicht, ob man dieses Gerät wirklich empfehlen kann, ich habe ziemlich wüste Sachen über die Qualität der kleinen Brüllwürfel gehört.

Auch Lautsprecher sind in den Bildschirm eingebaut, so dass man auf normale Stereo-Brüllwürfel verzichten kann.

■ Sänger (mit brüllender Stimme)

Mir ist zwar völlig schleierhaft, warum man sich gleich zwei Brüllwürfel leistet, auch ob der Tatsache, dass die beiden – Chris und Angelo De Notaris betauften – stilistisch kaum bis gar nicht zu unterscheiden sind.

Nachdem EXODUS vor einigen Tagen noch verkündeten, Sänger Steve „Zetro" Souza müsse wegen einer Viruserkrankung pausieren, hat sich nun herausgestellt, dass der Brüllwürfel achtkantig gefeuert worden ist.

Unter „Brüllwürfel" versteht man kleine, würfel- oder quaderförmige Boxen, die an den PC angeschlossen werden und schon bei mittlerer Lautstärke verzerren. Im übertragenen Sinn kann man auch einen Sänger als „Brüllwürfel" bezeichnen.

Bürgerkäfig, Käfig

■ PKW

Wie fährt sich dein Bürgerkäfig am zweiten Tag? Schon einen Kratzer oder Vogelscheiße aufm Lack?

Komme gerade aus Südtirol zurück und will am liebsten in den gemütlichen Bürgerkäfig rein. Hände tun weh, Popo tut weh, Rücken tut weh.

Vor 50 Jahren war noch vieles anders. Die Leut waren froh, wenns was zum Essen und ein Dach über dem Kopf hatten, da kann man sich halt keine Sorgen um laute Motorradfahrer machen. Damals war das Motorrad auch noch ein Nutzfahrzeug für wenig Geld, da hat sich keiner Racingröhrln (▷ Röhrl) zum Spaß draufgebaut. Und es waren alle Fahrzeuge laut, ned nur die Bikes, sondern auch LKWs und Käfige!!

Der PKW wird von Bikern abwertend als „Bürgerkäfig" oder nur als „Käfig" bezeichnet. Damit ist gemeint, dass die Autofahrer in ihren Fahrzeugen eingesperrt sind – wie Tiere in einem Käfig. Es handelt sich um eine Entlehnung aus dem technischen Englisch, wo *cage* nicht nur „Käfig", sondern auch „Fahrkorb", „Gehäuse" etc. bedeutet. *Safty cage* ist im Englischen der Ausdruck für „Sicherheitszelle".

C

checken (gesprochen: *tschekn*)

■ etwas verstehen, begreifen

Wieso checkst du nicht, was gut für dich ist?

Was lafft denn bei dir zurzeit??? Bei mir nit viel, außer dass i iatz glei amol Mathe Schularbeit han und nix check!!

■ klären, besprechen

Ich check das mal mit der Irene.

■ durchsetzen, erledigen, arrangieren, hinkriegen

Kann man das nicht irgendwie checken, dass die ÖBB die ganze Nacht durchfährt? Zumindest die Schnellbahn. Bin sicher nicht die Einzige, die dafür ist.

■ besorgen, beschaffen, organisieren, ein Zimmer reservieren

Ich check mir bald wieder ein neues Handy!

Hurra! Das will ich haben! Bitte, check mir das!!

Der Rudi will zu meinem Geburtstag ein Zimmer in einem Luxushotel checken.

■ reinchecken (= ▷ reinziehen)

Spock's Beard sind geil, aber ich persönlich check mir lieber 'ne Pink Floyd rein, wenn ich derartige Sounds hören will.

Der Ausdruck „checken" ist ein Lehnwort aus dem Englischen, es hat die Hauptbedeutung „kontrollieren", „überprüfen". Nur in der Jugendsprache sind die zusätzlichen Bedeutungen hinzugekommen. Die Bedeutung im Sinne von „besorgen" etc. ist wohl in Anlehnung an „einchecken" (englisch *check in* = sich in einem Hotel, an einem Flughafenschalter oder zur Arbeit anmelden) und „auschecken" (englisch *check out* = das Hotel verlassen, sich von der Arbeit abmelden) entstanden. Der Ausdruck *to check one's baggage* bedeutet „das Gepäck aufgeben". Wenn das Wort im eigentlichen Sinn gebraucht wird, also mit der Bedeutung „überprüfen", sagt man auch „abchecken".

(Super-)Checker

■ Könner, jemand, der in einer Sache sehr gut ist

Fetten Respekt an alle mörderscharfen Bunnys und an alle Checker, die anklicken.

Ned da ärgste Checker in Mathe ... Muss also voll dafür lernen ...

Ein „Checker" ist ein Experte; die ursprüngliche Bedeutung im Englischen ist „Kontrollor" und „Aufseher". Das Gegenteil ist ein „Nullchecker".

Chig, der (Mehrzahl: die Chig)

■ Zigarette

Der is a voi liab! Er is der Einzige, der ▷ checkt, dass da Tom nit rauchen sollt, und ihm a kane Chig gibt!

„Tschickstummel" heißt es in der Fußzeile dieses Plakats der MA 48

Das Wort „Tschick" ist ein alter Mundartausdruck, der schon auszusterben schien. Jetzt taucht er wieder in der Jugendsprache auf, und weil im ▷ „Leetspeak" manchmal Wörter der deutschen Sprache so geschrieben werden, als ob sie aus dem Englischen kämen, bürgert sich unter Jugendlichen immer mehr die Schreibung „Chig" ein. Der Wechsel von k zu g im Auslaut klingt nach ▷ „Leetspeak". Das Wort stammt wahrscheinlich von friaulisch *cic* (= Splitter, Zigarettenstummel, gesprochen: *tschick*) ab und hat sich über Österreich inzwischen auch nach Deutschland ausgebreitet. Die ursprüngliche Bedeutung auch im Deutschen war

„Zigarettenstummel"; heute versteht man aber unter „Tschick" eine ganze Zigarette. Handelt es sich um den Rest einer Zigarette, so sagt man neuerdings zur Verdeutlichung „Chig-Stummel" oder „Tschick-Stummel" (▷ „Tussi-Tschick").

chiggen

■ rauchen

Do honmma gsoffn und mir wor schlecht ... Und chiggt homa ah so vü.

Du hosch wida chiggt? Sauber!

Auch das Zeitwort zu „Tschick" wird in der Jugendsprache immer öfter als „chiggen" geschrieben, als ob der Ausdruck aus dem Englischen käme.

chillen (gesprochen: *tschilln*), **tschülln** (gesprochen: *tschülln*)

■ sich entspannen, sich ausrasten, abschalten, nichts tun (das Gegenteil von stressen), Cannabis rauchen

Also ich chill am liebsten Zaus, is einfach gmiartlich, kann man viel trinken, essen, fernsehen, Musik hören usw.

Wichtig is a Computer mit Winamp + Visualizer + fette Anlage + gute Musik, mehr brauch i net zum Tschülln.

Das Wort „chillen" ist dem Englischen entlehnt; dort heißt *to chill* so viel wie „kühlen", „abkühlen", im amerikanischen Slang auch „sich beruhigen, sich entspannen", oft in der Form *to chill out.* Mit dieser Bedeutung ist das Wort in den deutschen Sprachraum gekommen. Es wird in Österreich manchmal auch so ausgesprochen und geschrieben, als ob es ein heimischer Mundartausdruck wäre: „tschülln". Dies entspricht den Grundsätzen des ▷ „Leetspeak", nach denen englische Wörter so behandelt werden, als ob sie deutsche wären und umgekehrt.
In Diskotheken sind so genannte Chill-out-Räume eingerichtet, in denen sich erschöpfte Tänzer entspannen. Auch auf Raves oder in Clubs gibt es einen Raum, in dem ruhige Musik gespielt wird; dort kann man vom harten Techno pausieren. In Chillouts werden auch Obst oder spezielle Getränke serviert, um die Regeneration zu fördern. Den Begriff „Chill out" soll in diesem Sinn erstmals die Gruppe „The KLF" 1990 in die Szene eingeführt haben – so liest man es im freien Internetlexikon „Wikipedia". Der Ausdruck wird manchmal auch von Drogenkonsumenten verwendet und bezeichnet dann das Ausklingenlassen eines Drogenrauschs.
„Chillen" hat sich mittlerweile auch als allgemeiner Begriff für Tätigkeiten eingebürgert, die meistens entspannend, passiv und mit Genuss verbunden sind. Manchmal ist „chillen" auch ein Synonym für „Cannabis rauchen". Wenn man im Internet

auf Nickpages oder in Foren nach dem Ausdruck „chillen" sucht, dann findet man Sätze, bei denen man nicht einmal aus dem Zusammenhang entnehmen kann, ob „sich entspannen" oder „Cannabis rauchen" gemeint ist.
Dort, wo die Jugendlichen „chillen" sagen, werden die Erwachsenen den Ausdruck „relaxen" verwenden. Dass die beiden Wörter kombiniert werden können, liegt auf der Hand. Auf der Website www.merriam-webster.com/info/favorite.htm war im Sommer 2005 die Neuschöpfung „chillaxen" vermerkt. Nach einem Aufruf, Wörter zuzusenden, die nicht in der Buchausgabe des Merriam-Webster vermerkt sind, lag „chillax" in den Top Ten an 4. Stelle.

Chiller (gesprochen: *tschiller*)
■ gemütlicher Typ, jemand, der es langsam angeht

Workaholic oder Chiller?

■ Anrede unter Freunden (meist: „alter Chiller")

Wos is los midn oidn Chiller?

■ jemand, der Cannabis raucht

Na, du De-luxe-Chiller, wie viel Gramm hast in den Ferien schon geraucht?

Ein „Chiller" ist ein „gemütlicher Typ", einer „der's langsam angeht", also das Gegenteil von einem Workaholic. Das Wort wird im Internet auch als scherzhafte Anrede unter Jugendlichen verwendet.

chillig (gesprochen: *tschillig*)
■ entspannend, gemütlich

Bei dir ists urchillig!

Das Eigenschaftswort zu „chillen". Es kann einerseits so viel wie „gemütlich" bedeuten, andererseits auch als Hinweis verstanden werden, dass ein Joint geraucht wird.

chizz, chizzy (gesprochen: *tschis, tschisi* – mit stimmhaftem s)
■ großartig, super

Jo! Mein big-blogga-brotha hat mal wieder Recht! Echt CHIZZ das Netz!

Das neueste Wort mit der Bedeutung „großartig", „super", entlehnt aus dem Amerikanischen. Es ist im Frühjahr 2005 auf der Website des amerikanischen Wörterbuchverlags Merriam-Webster zu finden gewesen. Die User waren aufgefordert worden, ihr Lieblingswort zu mailen, das nicht im Dictionary steht, und darunter befand sich auch „chizz" bzw. „chizzy". Bald ist der Ausdruck auch auf deutschen Websites aufgetaucht; die Deutschland-Version des Internetlexikons Wikipedia listet das Wort seit Sommer 2005 als Ausdruck des Netzjargons. Die Etymologie ist laut Merriam-Webster ungeklärt.

Chopperl (gesprochen: *Tschopperl*), **Dschopper**

■ Chopper (= Motorrad mit hohem Lenker)

Hab mei heiß geliebtes Chopperl gegen eine ▷ Nackerte eingetauscht.

Wie in einem schlechten Film sitzt ganz genau, aber wirklich ganz genau neben mir am Pannenstreifen ein Typ neben seinem Dschobber auf der Leitplanke.

„Chopper" ist heutzutage ein Motorrad mit hohem Lenker, hoher Gabel und niedriger Sitzposition. Ursprünglich hat man damit Motorräder bezeichnet, bei denen alles Unnötige abgebaut worden ist – daher die Bezeichnung „Chopper", abgeleitet von englisch *to chop* (= abhacken, abschneiden, kürzen). In Österreich wird das Wort zu einem liebevollen „Chopperl" verkleinert, im Internet schreibt man es manchmal „Dschobber".
Die ersten abgespeckten Maschinen sind ca. 1948 in Kalifornien aufgetaucht. Spätestens seit dem Film „Easy Rider" aus dem Jahr 1969 werden Motorräder dann als Chopper bezeichnet, wenn sie auch mit verlängerter Vorderradgabel und hohem ▷ Hirschgeweih-Lenker (▷ Affenhänger) modifiziert worden sind.

ciao ▷ **tschau**

cleanen

■ vom Auto die Modellbezeichnung entfernen, ein Auto rückbauen, ein Auto von jeglichem Schnickschnack befreien

VW Golf IV; Baujahr 1998; 1.9l TDI – 110 PS; 95.000 km ... Stoßstangen vorne und hinten gecleant; Kotflügel gecleant – keine Blinker; Heckklappe gecleant ...

Beim Zender Show-Car, einem modifizierten Golf III, wurde zudem der gesamte Innenraum gecleant und somit von jeglichem unnötigem Ballast befreit.

Das Zeitwort „cleanen" stammt aus dem Englischen (*to clean* = reinigen, putzen). Autofreaks verstehen darunter „ein Auto von jeglichem Schnickschnack befreien". Es beginnt bei der Entfernung der Modellbezeichnung am Heck (nach dem Motto: „Braucht keiner zu wissen, wie viel PS ich hab und wie groß der Hubraum ist!") und endet bei gravierenden Umbauten, die das Auto in eine Art „Urzustand" versetzen. Besonders beliebt ist das „Cleanen" bei den „Golf"-Fahrern.

cool

■ ausgezeichnet, hervorragend

Das Fußballmatch war echt urcool und ich hab so eine geile Aussicht gehabt!! Von „Coldplay" wurde heute im Ö3-Wecker die neue Single „Speed of Sound" vorgestellt – das 1. Mal gehört – begeistert – haben will! I-Tunes gestartet, gekauft, downgeloadet – es ist einfach cool!

Die ursprüngliche Bedeutung des Ausdrucks im Englischen ist „kühl", seit ca. 1825 auch „ruhig", „gelassen", „überlegt". Seit den 1930er Jahren ist „cool" auch ein Slangausdruck für „modisch"; die Bedeutung scheint zunächst von dem Tenorsaxophonisten Lester Young in Jazzkreisen popularisiert worden zu sein. Mit diesen Bedeutungen ist der Ausdruck ins Deutsche entlehnt worden.
In der Jugendsprache ist aber noch eine zusätzliche Bedeutung hinzugekommen: „ausgezeichnet", „hervorragend". Wenn ein Jugendlicher sagt: „Dieser Fußballer ist cool!", dann meint er damit: „Dieser Fußballer spielt ausgezeichnet!" Wenn ein Erwachsener den Satz hört, dann interpretiert er ihn anderes: „Dieser Fußballer spielt ruhig, gelassen, überlegt."
Im deutschen „Leetspeak" wird „cool" auch als „kuhl" geschrieben, im englischen „Leetspeak" als „kewl".

d

danken ▷ ich danke Sie

derb, derbst

■ äußerst, sehr, besonders

Mir ist derbst langweilig.

Joo, ich freu mich derbst!!! Lustig wirds bestimmt.

Wenns derb voll ist oder wenn man selbst derb voll ist, kann man sich dort gut amüsieren.

Scheinst ja der voll konkrete derb fette und voll tighte Rapper zu sein, wie?

■ schrecklich, hässlich

Boah, so eine scheiß dreck Seite, die sieht einfach nur derbst aus.

Das Wort „derb" bedeutet im allgemeinen Sprachgebrauch „fest", „stabil", „widerstandsfähig" (zB ein derber Stoff) und „grob", „ungeschliffen" (zB ein derber Scherz, jemanden derb anfahren, eine derbe Ausdrucksweise). In der Jugendsprache ist eine Bedeutungserweiterung zu „schrecklich", „hässlich" eingetreten; der Ausdruck wird aber auch verstärkend auf Eigenschaftswörter oder Zeitwörter bezogen, meist in der Form des Superlativs: „Die Halle war derb(st) voll." „Alle freuten sich derb(st) auf das ▷ Konzi." In diesen Fällen wird der Ausdruck in einem positiven Sinn verwendet. Im frühen Mittelalter hat man ein ungesäuertes Brot als *derp* bezeichnet; dann hat das Wort die Bedeutungen „hart", „tüchtig", „fest" angenommen.

dere, d'ere, hawedere

■ Formel zur Begrüßung und Verabschiedung

Hey, dere, schon lang nix mehr ghört. Was hast zu Silvester gmacht? War vor 2 Wochn in Stockerau, war saugeil.

Habedere mit ere! Pfiat Gott mit ott!!

Die in der Jugendsprache heute so beliebte Grußformel „dere" (auch „d'ere" oder „hawedere") geht auf das „Habe die Ehre" alter Zeiten zurück. Es war früher ein Gruß gegenüber höher gestellten Personen, mit denen man per Sie war, auch ein Ausdruck des Erstaunens: „Na, hawedere!" (= „Na, servas!")
In der Standardsprache ist „Habe die Ehre" als Grußformel so gut wie ausgestorben, so dass der Ausdruck seit einiger Zeit in der Jugendsprache exklusiv verwendet werden kann, und zwar in einer stark verkürzten und sozusagen entfremdeten Form. „Dere" ist heute sowohl bei der Begrüßung als auch bei der Verabschiedung zu hören, natürlich unter Personen, die miteinander per Du sind.

DIF

■ Donauinselfest

He, wie gez da denn so? Kommst auch zum DIF?

DIF war ur leiwaund! Und Wien sowieso!

Das alljährlich in Wien stattfindende Donauinselfest wird in der Jugendsprache manchmal zu DIF abgekürzt, vor allem in E-Mails und in Chats. In der mündlichen Kommunikation sagt man nicht: „Ich geh aufs DIF.", sondern: „Ich geh auf die Insel." Die Donauinsel ist durch den Anfang der 1970er Jahre in Angriff genommenen Bau des Entlastungsgerinnes entstanden, ein zweites Flussbett parallel zum Hauptstrom. Es dient dem Hochwasserschutz und bindet die jenseits der Donau gewachsenen Viertel („Transdanubien") enger an den alten Kern der Stadt. Der nördliche Teil des Freizeitzentrums Donauinsel ist im Mai 1981 eröffnet worden.

DIF – das größte Freiluftspektakel Europas

Seit 1984 findet auf der Wiener Donauinsel das größte Freiluftspektakel Europas statt. An drei, manchmal auch an vier Tagen im Jahr bietet das „Donauinselfest" insgesamt rund 600 Stunden Programm mit durchschnittlich 300 Musik-, Theater- und Kabarettgruppen. Auf dem mittlerweile 6,5 km langen Festgelände treten mehr als 1.500 Künstler auf.

dissen

■ jemanden verleumden, sich abfällig über jemanden äußern, mit jemandem streiten (auch im Spaß)

Hier dissen sich die Crew-Mitglieder gegenseitig was das Zeug hält und sprechen über den Frust, dass alle immer nur auf Eminem fixiert sind.

I wollt da koan dissen, hab den Schmäh nit ▷ gecheckt.

Mit ihr kann man ALLES machen: saufen, über Gott und die Welt reden, Kaffee trinken, indisch essen gehen, Ausstellungen besuchen, in Clubs, auf Konzerte gehen und sich anschließend mit dem Sänger dissen.

Der Ausdruck „dissen" stammt aus dem Hip-Hop, einer Richtung der Popmusik. In Hip-Hop-Texten wird oft heftig gestritten, doch sollte man diese Streits nicht so ernst nehmen. „Dissen und gedisst werden" ist Teil des Spiels.
Wenn „dissen" außerhalb der Popkultur verwendet wird, hat der Ausdruck einen negativen Beigeschmack.
Das Wort ist von englisch *disrespect* (= missachten) abgeleitet. Die ursprüngliche Bedeutung war „einen Konkurrenten mit Worten provozieren".

DJane (gesprochen: *di dschein*)

■ weiblicher DJ

Mit DJane Anna Freiberg – the Highpriestess of Dancefloor, Funky Jazz & Groove!

Als aktive Djane kriegt man natürlich auch besonders viel von der Szene mit.

Einen weiblichen DJ (= Diskjockey, Deejay; gesprochen: *di dschei*) nennt man „DJane" (gesprochen: *di dschein*). Da manche Korrekturprogramme den zweiten Buchstaben von Großbuchstabe auf Kleinbuchstabe ändern, ist auch oft „Djane" zu finden. Manche weibliche DJs lehnen die Bezeichnung „DJane" ab, weil sie fürchten, alibihalber als „Quotenfrauen" herhalten zu müssen. Andere, die sich ganz bewusst als „DJane" bezeichnen, verweisen hingegen darauf, dass sie sich als Frauen in einer Männerwelt behaupten müssen, und wollen das so zum Ausdruck bringen.

Das Wort „Diskjockey" ist aus dem amerikanischen Englisch entlehnt, wo es 1941 erstmals belegt ist. Wesentlich jünger sind die Abkürzungen „Dee-Jay" (1955) und „DJ" (1961). Aus „Dee-Jay" ist in Anlehnung an den weiblichen Vornamen „Jane" (= Johanna) die Form „DJane" gebildet worden. Im amerikanischen Englisch ist „Jane" seit 1906 ein Slangausdruck für „Mädchen, Freundin". Die Wendung „Mary, Jane and all the rest of them" bedeutet „... wie sie alle heißen".

Dose

■ Auto, Fahrzeug

Vorbeischlängeln ist eine der zahlreichen Möglichkeiten, das Aggressionspotential der ▷ Dosentreiber zu erhöhen. Denn es ist unter Dosentreibern ein weit verbreiteter Irrglaube, dass für Motorräder das Vorfahren an stehenden Dosen verboten ist.

Die Vierrädrigen werden von Bikern abwertend als „Dose" bezeichnet. Dabei schwingt der Ausdruck „Konservendose" mit. Daneben ist „Dose" unter Bikern auch ein Ausdruck für „Fahrzeug" – in diesem Fall sind auch Motorräder mit eingeschlossen.
Das Wort „Dose" ist erst seit dem 17. Jahrhundert Standard, die genaue Herkunft ist unbekannt.

Dosenbahn

■ Autobahn

Wir beschließen, einmal bis Seebenstein auf der Dosenbahn zu fahren und dann zu schauen, wie das Wetter wird.

„Dosenbahn" oder ▷ „Bandl" ist in der Bikersprache die Autobahn. Die Biker sehen die Autobahnen durchaus positiv, weil die „Dosenbahn" die ▷ „Dosentreiber" von den Freilandstraßen saugt. Jede „Dosenbahnauffahrt" macht die Freilandstraße etwas leerer. Die Motorradfahrer haben eigentlich nicht wirklich etwas von der „Dosenbahn", es sei denn, sie wollen eine Strecke ohne Genuss in kurzer Zeit überwinden.

Dosentreiber, Dosenfahrer

■ Autofahrer

So Dosentreiber lass ma aber schon fürs Zuschaun blechen.

Ach ja, ich will euch nicht vorenthalten, was ich letzte Woche, wie's heiß war, gesehen habe. Eine Z750 mit Fahrer und Sozia. Beide nur Badehose bzw. Bikini und Badeschlapfen. Braucht ja nur ein Dosenfahrer bzw. ein Wildtier deren Weg kreuzen ... und schon gewinnen die nie mehr einen Schönheitswettbewerb.

„Dosentreiber" oder „Dosenfahrer" ist eine Bezeichnung der Biker für „Autofahrer". Bei „Dosentreiber" klingt auch noch „Kameltreiber" durch, ein abwertender Ausdruck für „Araber".

draufrippen ▷ rippen

Dschobber ▷ Chopperl

e

einefetzen, einifetzen

■ angeben, prahlen

Do hob i natialich voi einefetzen miassn: ausse ausn Ort aufm Hinterradl, bei de Pausierenden im Hang Off rechts obogn, shit, jetzt bin i auf ana foischen Strossn, oba umdrahn wär jetzt zu peinlich, oiso weiter.

Das Zeitwort wird gern von Bikern verwendet, wie das Textbeispiel zeigt, aber auch von Skatern, Surfern, BMX-Fahrern etc. Gemeint ist „vor Publikum eine Show abziehen".

Einefetzer

■ Angeber

Suche ein „Einefetzer-Handy", wo die Frauen dahinschmelzen. Mir selber is wurscht, wies ausschaut, will nur telefonieren damit und Mädels aufreißen.

Zum Zeitwort „hineinfetzen" oder umgangssprachlich „einefetzen" wird das Hauptwort „Einefetzer" gebildet.

eineziagn ▷ **reinziehen**

einflecken

■ einen Fünfer bekommen

Ma, wir homa grod Rechnungswesn-Schularbeit kopt ... Voll da Scheißdreck! Wea eh einfleckn! No jo, bis bold! Bussale!

Hab Mathe eingefleckt, so wie 80 % der Klasse. Mal schauen, hoffentlich wirds wiederholt.

Na ja, in der ▷ TXV-Schularbeit bin i eingfleckt!

Als „Fleck" bezeichnet man in Österreich die Schulnote „Nicht genügend", den „Fünfer". In der Jugendsprache ist ein dazupassendes Zeitwort entwickelt worden: „einflecken".

111einself ▷ prellen

Ellies

■ Eltern

Also ich kann meinen Ellies echt aaalles erzähln! Bin 13 und meine Ma weiß echt alles üba mich! Sie versteht mich, gibt mir Ratschläge und Tipps, und sie weiß sogar, mit wem ich schon alles rumgeknutscht hab!

Tja, mit den Schwieger-Ellies zusammen in einer Hütte wohnen, birgt viel Sprengstoff!

Anstelle von „Eltern" wird von Jugendlichen gern „Ellies" verwendet – klingt irgendwie freundlicher. Beim vergleichbaren Ausdruck ▷ „Oldies" schwingt der Wortbestandteil „alt" stark mit.

emotionaler Flachwichser ▷ Flachwichser

end-

■ besonders, überaus (verstärkend und definitiv)

Also, i war zum ersten Mal beim Donauinselfest und es war echt geil!!! I find, dass beim Shaggy die beste Stimmung war, weil da haben echt alle 3.000 Leutln vor da Ö3-Bühne mitgmacht!!! Endgeil einfach!!!

Ein geiles Lied! Aaaaaaaah, geil, derb, göttlich, endfett, lässig ... Es gibt keine Wörter dafür ...

Hey, mein Schatz! Ich wollt dir nur mal sagen, dass ich dich hammer mega doll endkrass lieb hab!

Die Steigerung von ▷ „geil" ist „endgeil", ▷ „fett" wird zu „endfett", ▷ „krass" zu „endkrass", ▷ „chillig" zu „endchillig" etc. Auch „endschiach" war schon zu hören, doch die Verwendung von „end-" bei negativen Eindrücken ist nicht so häufig.
Ob eine „Endzeitstimmung" zur Jahrtausendwende diese verstärkende Formel hervorgebracht hat?
Die Wortbildungen „endgeil", „endfett" etc. erfolgen nach dem Muster „gültig" und „endgültig", sind also nicht einzigartig. Überraschend ist lediglich der inflationäre Gebrauch. Sie beinhalten jeweils eine abschließende, definitive Einschätzung einer Person oder einer Sache.
Im allgemeinen Sprachgebrauch wird „End-" bei der Bildung von Hauptwörtern verwendet. Es wird damit ausgedrückt, dass etwas nach mehreren Zwischenstationen einen endgültigen Schlusspunkt gefunden hat: „Endabrechnung", „Endbescheid" etc.

Entry

■ Eintragung auf eine Website

Servus, würd mi freun, wenns ma an Entry hinterlassts. In mein ⊳ Blog gehts darum, was i den ganzn Tag so mach.

Eine Nickpage, abgekürzt ⊳ NP, oder ein ⊳ Blog geben nur dann was her, wenn viele Besucher eine Eintragung machen. Diese wird mit einem englischen Ausdruck „Entry" genannt. Er ist allgemein gebräuchlich, also nicht klassische Jugendsprache; allerdings ist er jenen Erwachsenen, die kein Internet benützen oder keine „Blogs" anschauen, unbekannt.

Eude, Euda (Alte, Alter)

■ meine Liebe, mein Lieber

Seas Eude, wie gehts? He, kan Stress! Schreib da e wieda moi a Mail.

Na Schatzi, i bin da ned bes, i bin um 5e mit da Sandy hoamgradlt! Voi krassss! Euda, i ho koane ⊳ Chig mehr, he!

■ fixe Freundin, fixer Freund

Sag bloß, da Roman hat wieda a Eude!

Das Wort „Eude"/„Euda" ist, wie das erste Beispiel zeigt, durchaus auch eine anerkennende Formel unter Gleichaltrigen, signalisiert also keineswegs ein höheres Alter des Gesprächspartners. Andere gängige Schreibungen sind „Oida" und „Olta".

Eugen!

■ He, Alter! (als Anrede)

Eugen, das Konzi war urgeil.

■ Ausdruck des Missmuts

Eugen, unser Matheprofessor is schon wieder urdeppat!

Der Vorname „Eugen" wird im Sinn von „He, Alter!" verwendet, um eine wertende Aussage einzuleiten. Die Praxis ist offensichtlich Mitte der 1990er Jahre von Schülern in Wiener Nobelbezirken geprägt worden; ihnen war „Oida" oder „Euda" zu „prollig". Umgekehrt wird „Eugen" von manchen Jugendlichen als snobistisch empfunden: „Warum ist Eugen besser als Euda?"

„Eugen" wird heute auch dazu verwendet, um Missmut auszudrücken. Christoph Winder schreibt in seinem „Wörterbuch zur Gegenwart" auf derStandard.at: „Der Grad des Missbehagens steht in direkt proportionalem Verhältnis zur Dehnung der Vokale (‚Eu-Gen' für kleinen Missmut, ‚EUUUU-GEEEEN' für ziemlich großen)." Dass gerade der Vorname „Eugen" für Missfallenskundgebungen verwendet wird, hängt wahrscheinlich damit zusammen, dass im Deutschen ein „eu" im Anlaut recht selten ist. Die Pronomen „euch" und „euer" gehören dazu, dann noch „Eule" und „Euter".
Die große Masse der Hauptwörter, die mit „eu" beginnen, sind Entlehnungen aus dem Griechischen. „Eukalyptus" zum Beispiel, von *eu* (= gut, wohl) und *kalyptein* (= bedecken, umhüllen), weil sich die Blütenkelche des Baumes beim Aufblühen wie Deckel lösen; oder „Euphorie": Das Wort geht zurück auf *eu* (= gut, wohl) und *pherein* (= sich befinden); oder „Eunuch", von *eune* (= Lager, Bett) und *echein* (= halten, bewahren), weil Kastraten im Harem als Bettwächter fungiert haben. Die Liste ließe sich fortsetzen. Auch „Eugen" ist von griechischer Herkunft – *eugenes* bedeutet so viel wie „wohlgeboren", „von edler Abstammung".
„Als meine Söhne vor kurzem den Ausdruck verwendet haben, wollte ich wissen, wer denn dieser Eugen ist", kann man in einem STANDARD-Posting lesen. „Ich habe damit bewiesen, dass ich auf der Seife stehe – große Belustigung war die Folge."

Eurone, Teurone

■ Euro

Dann vorbei an den Krimmler Wasserfällen, rauf auf die Gerlos Alpenstraße. Gegen Ablöhnung von 4 Euronen darf man dort auf Bitumenwürschteln herumgurken. Na ja, ich kam, fuhr und ärgerte mich ein bissl. Die Zusatztafel des australischen Verkehrszeichens ist noch immer (seit 1996!) ▷ *kehrvert montiert.*

Mein Kind geht von halb 09 bis 14 Uhr in den Kindergarten. Ich zahle mit Essen 202 Teuronen und bekomme keinen Cent zurück!

Die EU-Währung heißt offiziell im deutschen Sprachraum „der Euro". In der Jugendsprache verwendet man gern „Eurone", auch „Teurone" – weil „Euro ja ein Teuro".

Fake

■ Vortäuschen falscher Tatsachen, gewollte Falschmeldung, Zeitungsente, Scherz

„EU-Parlament hat neue Tastatur beschlossen: nicht QWERTZUI, sondern ABC-DEFGH!" – Natürlich ist das ein Fake, was sonst? Ich hoff, ihr, die ihr großartig feststellt, dass das eine Falschmeldung ist, habt auch bemerkt, dass ihr euch auf einer Satireseite befindet!

Das englische Zeitwort *to fake* bedeutet „nachmachen", „fälschen", „vortäuschen". Es ist wahrscheinlich während des Dreißigjährigen Krieges aus dem Deutschen entlehnt worden und geht zurück auf den norddeutschen Ausdruck „fegen" (= sauber machen, putzen). Das englische Hauptwort *fake* ist eine Bezeichnung für „Schwindel", „böses Spiel". Mit dieser Bedeutung ist das Wort wieder ins Deutsche gelangt. Ein „Fake" kann eine gewollte Falschmeldung sein, ebenso aber auch eine falsche Persönlichkeit (Fake-ID). Technisch ist es zB beim SMTP-Protokoll kein Problem, E-Mails mit der ID eines anderen auszusenden und so ein Mail zu faken. Personen, die so etwas tun, um Verwirrung zu stiften, nennt man „Faker". Ausdrücke, die zwar in Wörterbüchern der Jugendsprache aufscheinen, von Jugendlichen aber kaum verwendet werden, fallen unter den Begriff „gefakte Jugendsprache".

Fascho

■ Faschist

Wer die Eintragungen auf dieser Page liest, der sieht, dass die Faschos echt nix im Kopf haben.

Jo stimmt, Faschos kann ma es ned nenna. Es warand eher a paar Dorftröttl, ha, und wenn eu dia Musig ned gfallt, moand ihr jo o ned ins Penthouse go, ihr könnand jo die reschtlicha 51 Fritig im Johr go.

Das Wort „Faschist" wird in der Jugendsprache zu „Fascho" abgekürzt – vor allem in der Antifaschismusbewegung. Der Ausdruck „Faschismus" (= antidemokratische, rechtsradikale Bewegung) geht zurück auf den von Benito Mussolini geprägten *fascismo*, eine Wortbildung zu italienisch *fascio* (= Bündel). Ein Rutenbündel mit Beil war schon zu römischen Zeiten ein Machtsymbol.

FeF

■ „Freund eines Freundes"

Hallo, folgender Fall: Ein FeF ist bei Ebay gesperrt worden ...

Ich brauche was für eine Übersiedlung, was kostet so ein Kleinlaster beim Lutz? Ein FeF hat einmal gemeint, dass das nicht so billig ist, wenn man nicht ein Bett oder einen Kasten kauft ...

Wenn sich jemand im Web über die Folgen eines von ihm begangenen Vergehens erkundigen will, dann schreibt er nicht: „Ich habe das und das getan", sondern: „Ein FeF (Freund eines Freundes) hat das und das getan." – Damit meint er: „Es handelt sich um jemanden, den ich nicht persönlich, sondern nur aus Erzählungen kenne." Neben dieser ursprünglichen Verwendung wird „FeF" heute auch als Bezeichnung für einen tatsächlich existierenden Freund gebraucht, auf dessen Identität man keinen Hinweis geben will.
„FeF" ist eine analoge Bildung zum englischen Kürzel „FOAF" (= friend of a friend).

fertig ▷ **ich habe fertig**

Festl

■ (kleine) Party

Genetik-Prüfung hinta mir, auf dem Studentenheimfestl 7 Spritza weiß gstessn ... A Gaudi wors mit eich ollemoi.

Ich hasse euch, und aufm nächstn Festl spring i eich alle ins Gnack ... aarrgh!

Das Wort „Fest" wird in Österreich zu „Festl" verkleinert und ist eine Alternative zu „Party". Manche meinen, dass die beiden Ausdrücke in ihrer Bedeutung ident sind, andere sehen einen Unterschied: Ein „Festl" ist kleiner und gemütlicher, es kann sich auch um ein ungezwungenes Beisammensein mit wenig Vorbereitung handeln. Das Wort „Fest" geht auf das lateinische *festum* (= Feiertag) zurück.

fett, fät(t) (auch: phät)

■ großartig, sehr schön, sehr gut

Der Song ist einfach fett, Leute, da führt kein Weg dran vorbei.

Hey! Ich bin eine stille Betrachterin deiner Bilder, ich hab zwar nicht so viel Ahnung davon, aber ich find sie einfach fett.

Das fetteste Tattoostudio in der Stadt!

■ sehr (verstärkend)

Vielen Dank noch mal für die absolut geile Performance. Habt die Bude echt fett gerockt ...

Hab dik nik gesehen. Tut mir echt fett Leid. Wo warsch denn? Ik war in da Wunderbar mit meiner wunderbaren Freundin.

Thx für dein ▷ Entry. Hot mi echt fett gfreit.

Im allgemeinen Sprachgebrauch heißt „fett" entweder „dickleibig" oder „betrunken". In der Jugendsprache hat das Wort jedoch eine zusätzliche Bedeutung: „großartig", „sehr schön", „sehr gut". Die Beispiele für die Bedeutung „sehr" zeigen die vielfältigen Einsatzmöglichkeiten des Wortes als Verstärker: Es kann vor einem Eigenschaftswort stehen, aber auch in eine Verbalkonstruktion (mit einem Zeitwort) eingebaut werden. Die TV-Sendung „Echt fett" (ORF) hat zur Popularisierung des Ausdrucks in Österreich massiv beigetragen. Es handelt sich um ein wöchentliches Comedy-Format, wobei teilweise mit versteckter Kamera gefilmt wird. Nur Erwachsene, die mit der Jugendsprache nicht vertraut sind, glauben, dass der Titel „echt fett" so viel wie „echt betrunken", „echt belämmert" bedeutet.
Das Wort „fett" ist im 14. Jahrhundert im Norden Deutschlands entstanden und hat sich dann gegen Süden ausgebreitet. Das seiner Herkunft nach streng geschlossene „e" neigt unter dem Einfluss der Schriftsprache zur Öffnung, weshalb auf Nickpages und in Foren anstelle von „fett" auch oft die Schreibung „fät" anzutreffen ist. Da im ▷ „Leetspeak" ph und f oft vertauscht werden, ist auch „phät" gebräuchlich, Schreibvarianten sind „phäät", „phätt" und „phat".

fetzen (bezogen meist auf Musik)
■ mitreißen, begeistern

Fetzt voi, der Remix!!! Des Liad, find i, is sowieso voi da ▷ Hammer!!!!

Des Bild is jo echt voi geil, des fetzt voi eini!

Das Zeitwort „fetzen" bedeutet im allgemeinen Sprachgebrauch „mit Wucht herunterreißen" und „sich schnell wohin begeben". In der Jugendsprache wird „fetzen" meist auf Musik bezogen und bedeutet „mitreißen", „begeistern". Wenn eine Musik „fetzt", dann bringt sie die Zuhörer in Stimmung, regt sie zum Tanzen an.
In der Jugendsprache wird „Das fetzt" auch noch im Sinn von: „Das ist hinreißend" oder: „Das ist großartig" gebraucht, vor allem in Deutschland. Die österreichischen Jugendlichen scheinen mit dieser Phrase keine große Freude zu haben, man findet auf österreichischen Websites nur wenige Belege dafür.

fetzig
■ mitreißend

Ein Mix zwischen Rap und Hip-Hop, wirklich gut gelungen und fetzig!

So fetzig kann Volksmusik sein: „Jessica" – dieser Remix ist Sommerfeeling pur! Hansi Hinterseer lässt es zudem kräftig krachen mit dem Jubiläumsalbum.

Ja, das stimmt, eure Partys sind total fetzig und geil!!!

■ hinreißend, großartig

Wäre aber fetzig, wenn du vielleicht mal in die Fachschaft schauen könntest ...

Ja, die Toyota-Japan-Leuchten sind fetzig. Bekommt man die über einen Toyota-Händler oder eher net?

Das Eigenschaftswort zu „fetzen" bedeutet entweder „mitreißend" (meist von Musik, egal ob Volksmusik, Rap oder Hip-Hop) oder „hinreißend" (sowohl von Gegenständen als auch von Personen).

fetznass
■ sehr nass

Eigentlich, wenn ich mirs recht überleg, ist es in Bilbao im Winter fast immer ▷ arschkalt und fetznass.

Hier handelt es sich um ein Eigenschaftswort, bei dem der Gedanke an einen „nassen Fetzen" durchklingt. „Fetzen" bedeutet im österreichischen Deutsch „wertloses Stoffstück", „Scheuertuch", „Frauenkleider" (abwertend), „hohe Banknote" oder „100-Euro-Schein", „Rausch" oder „Kater" bzw. „Fünfer" (in der Schule). Für den Ausdruck „fetznass" ist die Bedeutung „Scheuertuch" relevant.

sich (in den Arsch/ins Knie) ficken
■ eine Beleidigungsformel

Wer auch immer so blöd ist und diese ▷ NP besucht, soll sich ficken!

Fick dich doch in den Arsch!! Mein neues Passwort sag ich dir nicht mehr!!

Das Wort „ficken" (= Sex haben, mit jemandem schlafen) stammt aus Deutschland und hat sich erst vor einigen Jahrzehnten in Österreich ausgebreitet. Die ursprüngliche Bedeutung war „mit einer Rute schlagen".

In der Jugendsprache wird „ficken" oft anstelle von heimischen Ausdrücken verwendet, die unanständiger klingen. So wie in anderen Fällen auch hält man Formulierungen aus entfernten Sprachregionen für weniger derb.
Die Wendungen „Fick dich!", „Fick dich selbst!" und „Fick dich in den Arsch!" sind Beleidigungsformeln. In manchen Gruppen werden sie oft gebraucht, in anderen abgelehnt. Ganz allgemein haben sie aber nicht jenen beleidigenden Klang, den ihnen Erwachsene beimessen. Eine milde Form ist „Fick dich ins Knie!" Hier ist eine Analogie zu „sich ins eigene Knie schießen" (= eine Maßnahme richtet sich gegen einen selbst) möglich.

mich fickt der Minus/der Eisbär

■ es ist besonders kalt

Oki doki! Ich komm zu dir, aber da musst du mich wärmen, weil bei euch fickt mich der Minus.

Schon wieder 10 Grad unter Null – da fickt dich der Eisbär.

Die Wendung ist eine scherzhafte Umschreibung von: „Es ist besonders kalt" oder: „Mir ist besonders kalt".

fit

■ okay

Alles fit im Schritt, alles klor in die Hoar, alles roger in Kombocha, alles legal in Senegal, alles bongo im Kongo, scho gstochen die Wochen ... geil, hmmmm.

Schatzii!! Wia gots dr denn aso? Alles fit bei dir?

Das aus dem Englischen stammende „fit" bedeutet im Allgemeinen „in guter körperlicher Verfassung", „sportlich durchtrainiert". In der Jugendsprache ist „Alles fit?" eine Anrede im Sinn von „Alles okay?" Oft ist auch die sich reimende Floskel „Alles fit im Schritt?" zu hören. „Alles fit" tritt damit an die Stelle älterer Nonsensreime wie etwa „Locker vom Hocker", „Nicht schlecht, Herr Specht" und „Grüß Gott, Frau Kompott". (Letzteres war auch die Titelzeile eines Liedes von Georg Danzer aus dem Jahr 1977.)
Im Englischen hat „fit" ursprünglich „passend", „geeignet", „angemessen" bedeutet; erst später ist die Bedeutung „gesund", „in guter Form" hinzugekommen.

Flachwichser

■ kleiner Wichser

Du Flachwichser! Dein Schwanz is so klan, dass d' a Pinzettn brauchst!

■ ein Mann, der mit den Gefühlen einer Frau spielt

Der Beschreibung nach scheinst du genau der Typ Junge zu sein, den ich suche. Jetzt ist die Frage: Bist du auch nett oder nur so ein blöder, sexgeiler Flachwichser?

Viele Jugendliche (und auch Erwachsene) verwenden heute das Wort „Flachwichser", doch kaum einer kann sagen, was es genau bedeutet.
Das hängt damit zusammen, dass „Flachwichser" einerseits ein altes Schimpfwort aus dem Mundartbereich ist, andererseits die Variante „emotionaler Flachwichser" durch den Film „Bridget Jones – Schokolade zum Frühstück" (2001) bekannt geworden ist.
Der Mundartausdruck stammt offensichtlich nicht aus Wien, sondern ist in weiten Teilen des deutschen Sprachraums geläufig. Der Gedanke, der dahinter steckt, ist von einem Jugendlichen treffend formuliert worden: „Wea flach wixt, hat an klanen. Wer an klanen hat, is a Zniachterl." – Also kein richtiger Mann. „Flachwichser" könnte also mit „kleiner Wichser" umschrieben werden und ist unter Männern ein derbes Schimpfwort.
Salonfähig ist das Wort in der Kombination „emotionaler Flachwichser" geworden, und zwar durch den oben erwähnten publikumswirksamen Film mit Renée Zellweger als Bridget Jones und Hugh Grant als Daniel Cleaver. Basis ist ein Buch mit dem Titel „Bridget Jones's Diary"; dieses wiederum geht zurück auf eine Kolumne von Helen Fielding in der britischen Tageszeitung „Independent". (Die 1. Kolumne ist im Februar 1995 erschienen.)
Bridget Jones verwendet zu Beginn des Films in einem Rundumschlag gegen die Männer den Ausdruck „emotionale Flachwichser"; dann verkürzt sie den Ausdruck zu „Flachwichser".
Gemeint sind Männer, die beispielsweise ihre große Liebe bekunden, dann aber eine Woche lang nicht anrufen, also Männer, die mit den Gefühlen einer Frau spielen. Der Ausdruck wird inzwischen auch variiert. Ein „sexgeiler Flachwichser" ist beispielsweise ein Mann, der nur an Sex interessiert ist.
In der englischen Originalfassung des Films ist *emotional fuckwit* zu hören.
Das Wort *fuckwit* ist ein Slangausdruck für „Dummkopf", „Blödmann", „Idiot"; es handelt sich vermutlich um eine Verstärkung der englischen Ausdrücke *halfwit* und *dimwit*, die dasselbe bedeuten. In allen genannten Fällen kehrt sich die Bedeutung von *wit* (= geistreicher Mensch, kluger Kopf) ins Gegenteil um.
Ariane Böckler, eine in München lebende Übersetzerin, hat das „Tagebuch der Bridget Jones" aus dem Englischen ins Deutsche übertragen. „Ich habe mich 1996 ziemlich schnell und ohne Alternativen zu erwägen für den ‚Flachwichser' als deutsches Äquivalent für *fuckwit* entschieden. Erfunden habe ich den Ausdruck sicher nicht, eventuell geht er auf belauschte Gespräche von Jugendlichen im Englischen Garten in München zurück." (E-Mail vom 9. Juli 2005).
Die Autoren der Mundartwörterbücher haben den Ausdruck allerdings bisher übersehen, er findet sich in keinem der sonst so zuverlässigen Werke. In den

Rechtschreib-Duden ist „Flachwichser" inzwischen aufgenommen worden – ohne Hinweis auf die Bedeutung.
Das Zeitwort „wichsen" (ursprünglich mit Wachs bestreichen, dann Schuhe putzen, dann schnell hin und her fahren) steht für „sich selbst befriedigen", „onanieren". Die sexuelle Bedeutung des Wortes ▷ „Wichser" ist aber beim Ausdruck „emotionaler Flachwichser" in den Hintergrund getreten.

flacken

■ faulenzen, faul herumliegen

Ja, is Schifahren war ja voll geil, dann sei ma im Gasthaus geflackt!!!!!

Das Wort „flacken" ist in Österreich und Süddeutschland heimisch und geht auf das Eigenschaftswort „flach" zurück, das auch „faul" bedeutet hat. Es ist bereits von dem berühmten bayerischen Mundartforscher Johann Andreas Schmeller (1785–1852) mit folgenden Textbeispielen vermerkt worden: „Der flackt den ganzen Tag auf der Bärenhaut!" Oder: „Flack dich hin, du Faulenzer!"
Das Zeitwort „flachen" geht ebenfalls auf „flach" zurück, bedeutet aber „festnehmen, verhaften" und „ohrfeigen".
„Frischgflachter" ist ein Mundartausdruck für das, was in der Jugendsprache ▷ „Noob" oder „Newb" genannt wird.

jemandem eine flacken

■ jemandem eine Ohrfeige geben, jemanden abwatschen, schlagen

Kann natürlich nur mutmaßen, aber in dem Milieu is so eine Gnackwatschn in der gleichen Klasse wie Popo-Klatsch in der Kindererziehung. Insofern war das Würschtl auch eher froh, dass das alles war. Hat er ihm halt eine gflackt ...

Das Wort ist verwandt mit „Fleck" und hat nichts mit „flacken" im Sinn von „faulenzen" zu tun.

flashen

■ faszinieren, beeindrucken

Selbst wenn man auf dem Naschmarkt nichts kaufen will, flasht das bunte Treiben ordentlich.

■ knistern (in einer Beziehung)

Ich hab keine Ahnung, wie lang ich mit meinem Freund zusammen bin, aber es is bald ein Jahr, und ahhhhh, das flasht schon sehr.

■ jemanden begehren

Mach lieber Schluss – wenn du zwar auf sie flasht, wenn ihr Drogen nehmt, doch vor deinen Jungs musst du dich für sie stets in Grund und Boden schämen, dann ist sie nix für dich.

■ reizen, Spaß machen

Find i ja total schön, dass es di flasht, mir zu schreiben!!1

■ betroffen machen

Was mich wirklich flasht, ist die Tatsache, dass die Dinge, die passiert sind, für mich noch lange nicht abgeschlossen sind.

■ flasht wie Gordon = flasht ganz super (scherzhaft, in Anlehnung an den Superhelden Flash Gordon)

Das „Geld oder Liebe"-Web-Special ist jetzt online und flasht wie Gordon!

Der Ausdruck „flashen" ist zurzeit ein Modewort. Im Englischen hat der Ausdruck im 14. Jahrhundert „aufspritzen" (von Wasser) bedeutet, seit Mitte des 16. Jahrhunderts dann „aufblitzen", „aufleuchten" (von Feuer oder Licht). Das Hauptwort bedeutet „Blitzlicht" (bei Fotoapparaten); in der Computersprache ist ein „Flash" eine Animation (eigentlich Macromedia Flash).
Die Wendung „Flasht wie Gordon" ist ein Wortspiel, das an den Superhelden Flash Gordon erinnert. Alex Raymond hat 1934 erstmals Bildergeschichten rund um diesen Helden veröffentlicht. Im Jahr 1936 sind daraus Filmserien gemacht worden, mit Larry „Buster" Crabbe als Flash Gordon. Sein Gegenspieler war ein von Charles Middleton dargestellter asiatisch wirkender Bösewicht namens Ming the Merciless.

flashig
■ faszinierend, beeindruckend

Nicht einmal um die Heimfahrt mussten wir uns kümmern, denn als Gewinnerin durfte ich gratis mit dem Taxi fahren (knallpinkes T-Mobile-Taxi, flashig!).

Man befindet sich mitten in den Bergen, hat einen traumhaften Ausblick. Innsbruck schaut bei Nacht von oben so flashig aus.

■ begehrenswert, großartig

Dass er dazu noch flashig aussieht usw., ist nur mehr Begleitmusik.

■ berauschend, high

Der Freund hat seine Mom geholt, und sie hat den ▷ Ofen mit uns durchzogen. Das war flashig, im doppelten Sinn.

Es gibt zu „flashen" auch bereits ein Eigenschaftswort: „flashig". Was kann alles „flashig" sein? Eine Website, ein Konsumartikel, ein Mensch, eine Stadt, eine Landschaft, ein Gefühl etc.
In der Drogenszene ist „Flash" umgangssprachlich der Augenblick, in dem sich ein Rauschmittel mit dem Blut verbindet und der Rauschzustand eintritt. Daraus erklärt sich die letzte Bedeutung.

fläzen
■ halb sitzen, halb liegen, es sich gemütlich machen, sich in eine gemütliche Position begeben

War am Wochenende Party machen bei Freunden, bin jetzt total müde. Werde mich gleich gemütlich vor den Fernseher fläzen. ▷ Kussi, Tara!

In einigen Regionen des deutschen Sprachraums gibt es das Hauptwort „Fläz" (= plumper, roher Mensch, Lümmel) und das Eigenschaftswort „fläzig (= lümmelhaft). In der Jugendsprache ist bei „fläzen" der negative Klang im Sinne von „lümmelhaft sitzen" nicht vorhanden. Wer „im Sofa fläzt", macht es sich einfach bequem.
In der Bedeutung und in der Schreibung wird „fläzen" oft mit „flötzen" verwechselt.

flötzen
■ stehlen

Bösartiges Diebsgesindel hat mir meine Anlage geflötzt!

Wer keine lokalen Sicherungskopien daheim auf DVD oder auf der Platte hat und den mobilen MP3-Player verliert oder sich flötzen lässt, verdients nicht anders, als dass ein Teil des Lebens und der Privatsphäre weg sind. Das ist nur dann der Fall, wenn man Namen und persönliche Daten auf den MP3-Playern speichert – darum speichert man das dort nicht ab.

Das Wort ist seit langer Zeit in Österreich (ausgenommen Vorarlberg) in Gebrauch. Es geht auf den mittelalterlichen Ausdruck *flößen* zurück, mit der ursprünglichen Bedeutung „wegspülen", „flüssig machen". Wenn sich ein Gegenstand „verflüssigt", dann ist er „weg", dh „gestohlen worden". Andere Mundartausdrücke für „stehlen" sind „fladern" und „flauchen".

Flügerl

■ Red Bull mit Wodka

Es gab Flügerl um 1 Euro und die Gaudi war ziemlich groß.

Du siehst ja auf den Fotos wirklich noch blendend aus, man merkt gar nicht, dass du Flügerln getrunken hast ...

Unter „Flügerl" versteht man Red Bull mit Wodka; Red Bull mit Jägermeister heißt „Fliegender Hirsch" – alles frei nach dem Slogan „Red Bull verleiht Flüüügel!" (▷ „Gummibärli").

fucking

■ verdammt

Und wonns um Pech in da fucking Liebe geht, donn frog vielleicht moi mi.

■ sehr (verstärkend)

Hab di voi oag mega krass extrem fucking lieb, ai!!!!!

Das Wort „fuck" wird inzwischen in manchen Kreisen so häufig verwendet, dass es dort seine ursprüngliche Bedeutung (= vögeln, ficken) verloren hat. Im übertragenen Sinn heißt „fucking" nur mehr „verdammt"; außerdem wird das Wort verstärkend vor Eigenschaftswörter gestellt.

fui ▷ **voi**

funzen

■ funktionieren

Die Artikelsuche auf der HP funzt leider gar ned.

Juhu!! Chatseite funzt wieder!!!

Wie funzt Bewusstwerdung?

Anstelle von „funktionieren" wird in der Jugendsprache gerne „funzen" verwendet, nicht nur bei technischen Vorgängen, sondern sogar bei philosophischen Fragen, wie der letzte Beispielsatz zeigt.
Das Wort ist in Anlehnung an „es funkt" entstanden, wobei vermutlich auch die Vorliebe des englischen ▷ Leetspeak für ein auslautendes z eine Rolle gespielt hat.

Die Wendung „es funkt" hat auch die Bedeutung „es funktioniert", doch handelt es sich um zwei verschiedene Wörter. Das Wort „funken" wird seit dem Mittelalter im Sinn von „Funken von sich geben", „schimmern", „blinken" verwendet; später ist die Bedeutung „durch Funk übermitteln" hinzugekommen. Das Wort „funktionieren" stammt von französisch *fonctionner* (= durch Zusammenwirken bestimmter technischer Vorgänge seine Funktion erfüllen) ab, und „Funktion" geht auf lateinisch *functio* (= Verrichtung, Geltung) zurück, wobei das Zeitwort *fungi* (= fungieren) Pate gestanden ist.

Fut

■ Schlampe, Miststück

High, Süzza! Sie hat nix gsagt?! Bei mir würd sies sicha glei petzen, diese Fut!! Ich hasse sie!! Du bist eh bei meinen Freunden dabei!! Was redest du?? Bussal Maria!

He, Armin, du alte Fut, warum schreibst ma ned zruck?

Meine Katze is die ur Fut, Euda! Vorher spielts mit irgendan Scheiß, dann hat sa sich im Schrank versteckt, dann is auf dem Bett glegn und 5 Mal rauf und runter ghupft, jez liegts vorm Bett und maunzt mich an ... Na ja, love ya 4-äva and ävaa ...

Das Wort „Fut" war einst in den Mundarten Österreichs ein Standardwort für die weiblichen Geschlechtsorgane. Manche Hobbymundartforscher waren regelrecht stolz auf das Wort, diente es doch als Abgrenzung gegenüber dem Sprachgebrauch in Norddeutschland, wo man „Fotze" sagt. Wo sind auch die Zeiten, als die Buben in großen Lettern FUT auf die Hausmauern geschmiert haben? Und andere haben dann mit einem zusätzlichen Strich beim F und durch Hinzufügen eines O das Tabuwort in den harmlosen Begriff AUTO verwandelt – ätsch!
Da die heimischen Ausdrücke im Sexualbereich nach und nach durch Wörter aus dem Norden Deutschlands ersetzt werden, wird „Fut" aus dem Sprachgebrauch verdrängt. Es klingt zu ordinär, wenngleich in Sextoren eingeräumt wird, dass die Ausdrücke „Muschi" und „Mumu" nach Kindersprache klingen.
In manchen Burschengruppen wird „Fut" heute noch stark abwertend und beleidigend für „Mädchen" gebraucht: „Die schiache Fut soll sich schleichen!" (= Dieses hässliche Mädchen soll verschwinden.) Wenn heute Mädchen den Ausdruck verwenden, dann oft nur schwach abwertend, manchmal sogar als Anrede unter Freundinnen und auch gegenüber Burschen. Wahrscheinlich nach dem Kalkül: „Wenn wir den Ausdruck selbst gebrauchen, dann verharmlosen wir damit ein diskriminierendes Schimpfwort der Prolo-Buben!"
Das Wort „Fut" ist schon im Mittelalter gebraucht worden, es hat damals nicht nur „Scheide", sondern auch „Hintern" bedeutet. Mit hundertprozentiger Sicherheit besteht auch eine Verwandtschaft zwischen „Fut" und dem noch heute in Vorarlberg gebräuchlichen Ausdruck „Füdla" (= Arsch).

fut(-)

■ verdammt

Fut! Ich find meinen Kuli nicht!

Fut, der Bus fahrt ma vor der Nasn davon ...

Fut fut fut fut fut fut!!! Ich bin der einzige wahre Weihnachtsmann ... Und unter uns FeministInnen: Ich bin eine Weihnachtsfrau!!!! Bussis Uschi!

Türkei war futheiß und futgeil.

Heute verwenden Jugendliche den Ausdruck „fut" manchmal als Fluchwort – wenn sie zB einen bestimmten Gegenstand nicht finden oder wenn ihnen ein öffentliches Verkehrsmittel davonfährt. Diese Formulierungen sind im mündlichen Sprachgebrauch immer wieder zu hören, in den Foren und auf den Nickpages tauchen sie selten auf. Das Wort bedeutet in diesem Fall so viel wie „verdammt" und wird bei kleineren und größeren Zornausbrüchen verwendet – auch von Mädchen.

Fuzzi

■ kleiner, nicht ernst zu nehmender Bursche oder Mann

Der Fuzzi, nur mehr „Klaner" genannt, war auch wirklich klein.

■ Könner, Experte, Typ

Vielleicht brauchen die einen nicht ganz ehrenamtlichen EDV-Fuzzi, wäre das nicht was für dich?

Bin nur ein Gelegenheits-VBScript-Fuzzi!

Das Wort geht zurück auf „Fuzerl" (= Staubflocke, Faser, kleiner Abfall von Papier oder Stoff). Ursprünglich hat man „Fuzzi" als leicht schmähhaften Ausdruck oder als Spitznamen für einen besonders kleinen Mann oder Burschen verwendet. Wie eine Umfrage von Christoph Winder auf derStandard.at gezeigt hat, wird der Ausdruck inzwischen auch in vielen anderen Situationen gebraucht. So ist „Fuzzi" ein „nicht ganz ernst zu nehmender Mann" oder ein „vergammelt aussehender Mann". In einigen Postings ist auch zum Ausdruck gekommen, dass „Fuzzi" „das männliche Gegenstück zu Tussi" ist. Demnach wird „Fuzzi" auch im Sinn von „hochnäsiger Modegeck" verwendet.
Wenn ein Amerikaner das Wort hört, dann denkt er an eine legendäre Figur aus amerikanischen Wildwestfilmen der 1930er und 1940er Jahre, die auch heute noch wiederholt werden. Der Schauspieler und Komiker Al St. John (1893–1963)

hat in rund 80 (!) Westernstreifen den „Fuzzy", „Fuzz" oder den „Fuzzy Jones" gespielt. Das englische Eigenschaftswort *fuzzy* bedeutet aber etwas völlig anderes: „unscharf", „verschwommen". Ein *fuzzy head* ist ein „Wuschelkopf".
Im Bereich der EDV gibt es den Ausdruck „Fuzzy-Suche" (ebenfalls von englisch *fuzzy* = unscharf, verschwommen). Darunter versteht man eine „unscharfe" Suche in Datenbanken, zB eine phonetische Suche; dh eine Suche nach Wörtern, die gleich klingen. Das erlaubt es, Einträge auch dann zu finden, wenn die genaue Schreibweise eines Namens oder Begriffs nicht bekannt ist. Ein zweiter Ausdruck mit der Wortkomponente „Fuzzi-" ist die „Fuzzy-Logik". Diese lässt auch Wahrheitswerte zwischen WAHR und FALSCH zu, so dass damit auch „unscharfe" Mengenabgrenzungen mathematisch behandelt werden können. Auf der „Fuzzy-Logik" basiert das so genannte „Fuzzy-Information-Retrieval".
Dass „Fuzzi" im Sinn von „Könner", „Experte" verwendet wird, dürfte auf eine wiederholte Verwechslung zwischen „Fuzzi" und „Wuzzi" zurückzuführen sein. Ein „Wunderwuz(z)i" ist ein „Wunderdoktor", ein „Alleskönner", „Problemlöser". Offensichtlich hat es sich im Lauf der Zeit eingebürgert, statt „Wuzzi" im Sinn von „Alleskönner" einfach „Fuzzi" zu sagen, so dass das Wort „Fuzzi" eine 2. Bedeutung bekommen hat, die nicht mehr abwertend, sondern höchst anerkennend ist. Der Gleichklang mit „Fuzzy-Suche" und „Fuzzy-Logik" dürfte dann dazu beigetragen haben, dass „Fuzzi" heute im Sinn von „Könner", „Experte" vor allem im EDV-Bereich verwendet wird. So gibt es die Ausdrücke „EDV-Fuzzi", „PC-Fuzzi", „Java-Fuzzi", „VBScript-Fuzzi" etc. Die Schreibweise schwankt zwischen „EDV-Fuzzi" und „EDV-Fuzzy" etc.; erstere ist in Österreich häufiger anzutreffen als in Deutschland.

Gasthaus zum Goldenen M

■ McDonald's-Restaurant

Anschließend waren wir dann noch im Restaurant zum Goldenen M und haben uns den neuen Nachtisch (kennt ihr bestimmt schon aus der Werbung) geholt ... War ok.

Die Restaurants der McDonald's-Kette werden aufgrund des Signets auch als „Gasthaus zum Goldenen M" oder „Wirtshaus zum Goldenen M" bezeichnet.

McDonald's-Restaurant in Klagenfurt

Gatschhupfer

■ Mountainbike, geländegängiges Moped bzw. Motorrad oder dessen Besitzer

Wie schauts aus diese Woche mit einem Treffen mit unseren Bikes, die so unendlich laut „scheppern"? – Hätt Lust ... Seids ihr Gatschhupfer ...?

Bike haben wir uns aber keines geborgt, weil es gab entweder nur Gatschhupfer oder Chopper mit max. 40 PS – da macht es keinen Spaß.

„Gatschhupfer" – das ist urösterreichisch, das versteht ein Germane nie und nimmer, außer der Bayer – aber der gehört sprachlich eh zu Österreich.

„Gatschhupfer" ist leicht abwertend. Erstens ist „Gatsch" nichts Feines: Unter „Gatsch" versteht man in Österreich „Schlamm, feuchten Boden, Morast". Das Wort ist lautmalend. Wenn man in den Gatsch steigt, macht es „gatsch"! Zweitens schwingt die in Wien gängige Wendung „Hupf in Gatsch und schlog a Wölln" (= „Zieh ab, verputz dich, schleich dich!") mit. Das Gegenstück zu einem „Gatschhupfer" ist eine SM (Straßenmaschine); auch die Fahrer derartiger Maschinen werden als SM bezeichnet. Ursprünglich dürfte die Variante „Hupf in Gatsch und schlag Wellen" (Mehrzahl) häufiger vorgekommen sein. Der Wiener Liedermacher Georg Danzer hat allerdings 1976 mit dem Lied „Hupf in Gatsch" einen großen Hit gelandet und dort ist nur von einer einzigen Welle die Rede – aus Gründen der Rhythmik: „Hupf in Gatsch / und schlog a Wölln, / aber tua mi do net quöln ..." Und so wird heute eher die Einzahlform von „Welle" in der Redensart verwendet. Schönes Beispiel, wie ein Schlager den Sprachgebrauch verändern kann.

Geek (gesprochen: *gieck*)
■ Computerfreak

Ich bin ein Star-Wars-Fan (ein Fan, aber kein Geek)!

Ein „Fan" ist ein „leidenschaftlicher Anhänger" (eines Schauspielers, einer Popgruppe, eines Computerspiels etc.); bei einem „Geek" wird diese Leidenschaft zur Besessenheit. Der Ausdruck wird vor allem für Computerfreaks gebraucht, die beispielsweise Stunden am PC verbringen, um online zu spielen.
Das Wort stammt aus dem amerikanischen Zirkusslang und ist wahrscheinlich mit dem deutschen Ausdruck „Geck" (= ein sich übertrieben modisch kleidender Mann, ursprünglich: Schwachsinniger) verwandt.

gefickt eingeschädelt
■ geschickt eingefädelt

Report gesehen? Einige große Clubs, AS Roma, Arsenal und so, halten derzeit ihre Sommertrainingscamps in der Steiermark ab. Sie müssen da weniger zahlen oder so, weil sie sich verpflichten, gegenseitig Testspiele abzuhalten, also AS Roma gegen Arsenal und so ... Jede Menge Zuseher und Journalisten, Fotografen und, und ... Ist für das Land und für die Wirtschaft dort super. Ich finde: gefickt eingeschädelt.

Anstelle von „geschickt eingefädelt" wird manchmal aus Scherz „gefickt eingeschädelt" verwendet. Die Anlautvertauschungen erfolgen nach dem Muster von ▷ „Kentucky Schreit Ficken".

geil, geilo, geilomatico

■ großartig, schön

Hey, de Schuhe schaun geil aus!

▷ *Konzi woa jo voi geilo, oder?!*

Im allgemeinen Sprachgebrauch heißt „geil" so viel wie „sexuell erregt", „gierig nach Sex", in Bezug auf Essen auch „fett", „schwer verdaulich". Der Ausdruck wird aber auch seit Jahrzehnten von Jugendlichen im Sinn von „großartig, schön" verwendet und hat bis heute nichts von seiner Attraktivität eingebüßt. Manchmal wird heute an das Wort ein -o angehängt: „Konzi war voi geilo." Auch „geilomatico" war schon zu hören.

Das Wort „geil" hat schon einmal, und zwar in grauer Vorzeit, „lustvoll, üppig, übermütig" bedeutet, was der heutigen Verwendung in der Jugendsprache recht nahe kommt. Erst im Mittelalter ist „wollüstig, lüstern" hinzugekommen. Um in der heutigen Jugendsprache Verwechslungen mit der Bedeutung „großartig, schön" zu vermeiden, sagt man für „sexuell erregt" oder „gierig nach Sex" auch „sexgeil". Dass der sexuelle Kontext eines Ausdrucks in Vergessenheit gerät, ist kein Einzelfall. So hat auch „bärig" eine ähnliche Entwicklung durchgemacht. Im Mittelalter hat man ein männliches Schwein, einen Zuchteber als *ber* bezeichnet. Das dazugehörende Eigenschaftswort „bärig" hat ursprünglich „brünstig" (auf das Schwein bezogen) bedeutet, auf den Menschen übertragen „sexuell erregt, zornig erregt, derb", erst später „großartig, schön" (zB: „Das war eine bärige Abfahrt!").

Mit einem „Bären" hat das Wort „bärig" nichts zu tun.

gewusst und nicht gegoogelt

■ etwas aus dem Gedächtnis gewusst haben (ohne vorherige Recherche im Web)

Jetzt die Frage: Wie heißt MacGyver mit Vornamen? – Angus! – Yep, aber das hast gegoogelt, gö? – Nein, gewusst!

Diese Wendung bedeutet, dass man eine bestimmte Information im Kopf gehabt hat – im Gegensatz zu einem Wissen, das auf einer Webrecherche, zum Beispiel über die Suchmaschine Google, basiert (▷ googeln).

giga

■ sehr (verstärkend zu einem Eigenschaftswort)

Hob di voi hypa giga lieb!!

Meine giga schlanken Wadl san zdick für a Madl. Mei Figur a Katastrophe der Natur!!!!

Das Wort „giga“ wird in der Jugendsprache dazu verwendet, um Eigenschaftswörter zu verstärken, es kommt aber seltener vor als ▷ „mega“. „Giga“ geht zurück auf griechisch *gigas* (= Gigant, Riese). Der Ausdruck stammt aus der Wissenschaftssprache. Dort wird „giga“ dazu verwendet, um das 10^9-fache (Milliardenfache) einer physikalischen Einheit anzugeben. Der zweite Beispielsatz ist eine Persiflage auf eine Zeile aus dem Schlager „Anton aus Tirol“ von DJ Ötzi.

googeln

■ im Web nach etwas suchen

Hab ziemlich lang gegoogelt, aber nix Gscheites gefunden.

Hab den Film zwar noch nicht gesehn, aber bin vor kurzem drüber gestolpert, als ich nach Rachel gegoogelt hab.

Liebe Erika, da du wissen wolltest, wer dieser Kugy wirklich war, habe ich ihn gegoogelt und gefunden.

■ im Web etwas finden

Schaut euch das Superbild an, das ich gegoogelt hab!

■ im Web auf etwas stoßen

Wir sind durch Zufall auf eure Website gegoogelt und wollten nicht ohne ein dickes Lob wieder gehen.

Das Suchen über die Internetsuchmaschine der Firma Google Inc. ist so einfach und beliebt, dass das Zeitwort „googeln“ (manchmal „googlen“ geschrieben) auch für die allgemeine Websuche oder für die Suche nach Information überhaupt verwendet wird. Wenn jemand bereits vorhandene Informationen nachrecherchiert, so nennt man das „nachgoogeln“.
Der Name der Suchmaschine Google geht auf den Ausdruck *googol* zurück. Dieser ist von Milton Sirotta erfunden worden, dem Neffen des US-amerikanischen Mathematikers Edward Kasner. Er wollte der Zahl Eins mit hundert Nullen (10^{100}) einen Namen geben.
Die Google-Gründer Larry Page und Sergey Brin haben bei der Unternehmensgründung eine treffende Bezeichnung für ihre Firma gesucht und sind dabei auf *googol* gestoßen. Sie waren der Meinung, dass der zu Google nur leicht veränderte Name als ein Hinweis auf die Fülle von Informationen verstanden werden wird, die über diese Suchmaschine im Web auffindbar ist. Allerdings hat Google zurzeit (April 2005) „nur“ knapp 10^{10} indizierte Webseiten, ist also von dem selbst gesteckten Ziel noch weit entfernt.

grinden (gesprochen: *graindn*)
■ auf einer Kante entlangrutschen

Kann leider im Moment nit skaten, weil ich mir 2 Zehen gebrochen hab. Wenn die wieder ganz sind, geh ich nomma grinden.

Unter „grinden" versteht man in der Skatersprache „quer zur Fahrtrichtung an einem Rohr (Rail), einer Steinkante (Curb) oder einem oberen Rand (Coping) einer ▷ Halfpipe bzw. einer Ramp entlangrutschen". Entscheidend ist, dass nur die Achsen der Boards das Rohr, die Steinkante bzw. den oberen Rand berühren. Das Wort stammt aus dem Englischen, wo *to grind* so viel wie „schleifen" bedeutet.

grindig
■ ungut, unangenehm, grauslich

A Semmel mit Extrawurscht passt scho, oba jo ka Gurkal ... I weiß net, in da Semml is des Gurkal urgrindig.

„Grind" ist ein Hautausschlag, der sich zu einer Kruste verhärtet. Die Ursache kann eine Krankheit sein oder mangelnde Körperpflege. Außerdem wird auch der „Wundschorf" als „Grind" bezeichnet. Das Wort „grindig" bedeutet in der Standardsprache „mit Grind bedeckt" oder „schmutzig". In der Jugendsprache wird „grindig" in einem ganz allgemeinen Sinn verwendet; es bedeutet „ungut", im Extremfall „grauslich".

grottenschiach, grottenschirch
■ abgrundtief hässlich

Du bist sicher entweder bildhübsch oder grottenschiach! Ich glaub allerdings, dass du bildhübsch bist!!!!

Das Wort „grottig" kommt von „Grotte"; dieses stammt aus Italien, wo man unter *grotta* eine „Felsenhöhle" versteht. Vielleicht hat auch der „Grottenolm" bei der Wortbildung eine Rolle gespielt, oder der Gedanke „schiach wie die Nacht" ... Dem österreichischen „grottenschirch", „grottenschiach" entspricht in Deutschland „grottenhässlich". Dort wird auch „grottig" für „abscheulich, furchtbar, hässlich" verwendet. Außerdem kann „grottig" verstärkend im Sinn von „besonders" bei Eigenschaftswörtern verwendet werden, vor allem bei „schlecht": „Der Film ist grottig schlecht!"

Grufti
■ Mitglied der „schwarzen Szene"

Ich bin ein Grufti, und wenn du auch eine von diesen vampiresken Gestalten bist, die immer schwarz (angezogen) sind, dann ist diese Homepage für dich!

Schwarze Klamotten und eine bestimmte Musikrichtung machen noch lange keinen Grufti.

Als „Grufti" bezeichnen Jugendliche die Mitglieder einer Subkultur, welche Anfang der 1980er Jahre aus dem Punk- und New-Wave-Umfeld entstanden ist. Diese „schwarze Szene" ist untrennbar mit der „Gothic Music" verbunden.
Die Verwendung von „Grufti" im Sinn von „Erwachsener, älterer Mensch" kommt in der Jugendsprache nicht so häufig vor. Auch „Bivie" bzw. „Bifi" (= bis vierzig Jahre alt), „Uhu" (= unter hundert Jahre alt) und „Komposti" (kurz vor der Verwesung) wird eher von Erwachsenen selbst gebraucht.

Schwarz – die dominierende Farbe der Grufties

Gummi

■ Reifen

Der 207er ist eh ein guter Reifen, zerstöre ihn am Ring und nimm dir neue Gummi mit!

■ Gummiabrieb auf dem Asphalt

Ich hoffe, wir werden beim Beschleunigungsrennen wieder ordentlich Gummi sehen.

■ Kondom

Oba 's nächste Mal mochs mit Gummi, okay?

Geh mit Gott, aber nie ohne Gummi!

Das Wort „Gummi" stammt vom ägyptischen Wort *kami* ab und hat ursprünglich „Kautschuk" bedeutet. Heute unterscheidet man zwischen dem wasserlöslichen Anteil der Gummiharze aus dem Milchsaft bestimmter Pflanzen (Latex) und vulkanisiertem Kautschuk, auch Kunstkautschuk genannt. Zu den speziellen umgangssprachlichen Bedeutungen zählen „Reifen" und „Kondom".
Die „Gummibären" der Firma Haribo (inzwischen auf „Goldbären" umbenannt) werden nicht aus Kautschuck, sondern aus einer essbaren Substanz mit gummiartigen Eigenschaften, wie Pektine oder Gelatine, hergestellt. Aus der Markenbezeichnung „Gummibären" werden Wendungen wie „Du bist das Bärchen in meinem Gummi" oder „Ich fühle mich wie der Gummi ohne Bär" gebildet.
„Das Burli mit de Gummiuhrli" (= mit den Gummiohren) ist ein alter Scherzspruch, der nichts mit den Produkten von Haribo zu tun hat.
Das Wort „Radiergummi" wird in Österreich eher nicht zu „Gummi", sondern zu „Radi" oder „Radetzky" abgekürzt. Johann Josef Wenzel Graf Radetzky (1766–1858) war der bedeutendste Heerführer Österreichs in der 1. Hälfte des 19. Jahrhunderts.

gummi
■ sehr, besonders

Na jo. Hob di voi gummi lieb!

Tom is gor ned so schlecht unterwegs, war super gummi gut!

Das Hauptwort „Gummi" kann sogar zu einem Eigenschaftswort werden; dann hat es eine verstärkende Funktion und bedeutet „sehr, besonders".

Gummibärli
■ Red Bull mit Wodka

Dann bestell ich ein Rotes Gummibärli und er sagt: 5 Euro.

Ein Getränk aus Red Bull und Wodka nennt man nicht nur ▷ „Flügerl", sondern auch „Gummibärli", vor allem dann, wenn der Wodka eine rote Farbe hat. Manchmal dienen auch die Farben des Wodkas (Rot, Schwarz, Blau, Grün etc.) zur näheren Bezeichnung des Mischgetränks: „Rotes Gummibärli", „Schwarzes Gummibärli" etc. Es gibt zwei Theorien, wie die Bezeichnung für das Mischgetränk entstanden ist. Die einen meinen, dass die Vielfärbigkeit der Gummibären (inzwischen auf Goldbären umbenannt) von Haribo und die Vielfärbigkeit der Wodka-Basisprodukte von Eristoff zur Bedeutungsübertragung geführt haben. Andere meinen, dass der Geschmack von roten Goldbären dem Geschmack von Red Bull ähnlich ist.
Was die Goldbären anlangt, so hat die Firma Haribo in Umfragen herausgefunden, dass die roten Bären am beliebtesten sind. Deshalb wird in jede Packung eine größere Zahl von roten Goldbären gefüllt.

Gummi geben

■ sinnloses Gasgeben, damit möglichst viel Gummi auf der Straße liegen bleibt

Am Wochenende darf er in Kärnten die Freizeit genießen: auf der Wörthersee-Bühne spielen, am Ulrichsberg wandern und Gummi geben beim GTI-Treffen.

■ sich beeilen

Hod de Maja de CD scho? Sie soi Gummi gebn ...

Die Redewendung „Gummi geben" wird auch in einem übertragenen Sinn verwendet.

Gummi, Gummi

■ Golf-GTI-Treffen am Wörthersee

Von wegen „Gummi, Gummi!": Der Global Player Volkswagen distanziert sich eindeutig vom benzin- und alkoholschwangeren Macho-Geruch diverser GTI-Treffen ...

„Gummi gummi" ist ein Kürzel für das jährlich stattfindende Golf-GTI-Treffen am Wörthersee. Eine Veranstaltung heißt „Längster Gummi vom Wörthersee".

Halfpipe

■ halbe Röhre

Bin gonz deina Meinung: Heaven is a Halfpipe!

Das Wort *pipe* bedeutet im Englischen „Rohr"; für die Skateboarder, Snowboarder, BMX-Fahrer und Rollerblader ist die „Halfpipe" (wörtlich: halbe Röhre) jener Ort, wo sie Kunststücke üben und vorführen.
„Heaven is a Halfpipe" heißt ein im Jahr 2000 veröffentlichtes Lied der kalifornischen Gruppe OPM.

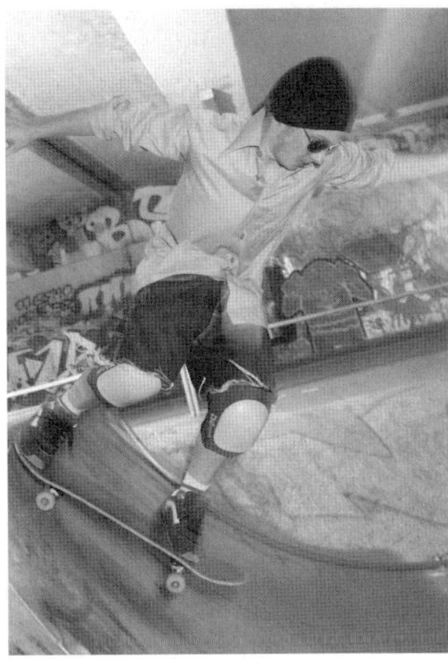

Skateboarder in der Halfpipe

hammer

■ sehr (verstärkend zu einem Eigenschaftswort)

Der Film war super geil. Einfach hammer mega geil! Müsst ihr euch alle ansehen!

Das Wort „hammer" wird in der Jugendsprache dazu verwendet, um Eigenschaftswörter zu verstärken.
Der Ausdruck geht klarerweise auf das Hauptwort „Hammer" zurück, das in grauer Vorzeit wahrscheinlich „Stein" bedeutet hat, und auf die Wendung „das ist der (ein) Hammer" (= das ist einfach großartig).

Hardcore-, hardcore

■ hart, schwierig, anstrengend

Alleine ist so ein Trip ziemlich hardcore, egal für welche Reiseart man sich entscheidet.

Obwohl die Tuxer Seite des Zillertals sich etwas sanfter präsentiert, sind hier die Hardcore-Bikerouten konzentriert.

■ gewaltig, übertrieben

Stimmt, 1.600 dpi sind recht hardcore ...

■ mit großer Anstrengung, mit Gewalt

Wenn man wirklich in 8 Semestern hardcore sein Studium durchziehen will, dann schafft man das auch.

■ Riesen-

Mir gehts bestens! Hab nur nen Hardcore-Kater von gestern, pfff!

Im Englischen bedeutet *hardcore* so viel wie „harter Kern".
Das Wort ist eine Bezeichnung für eine besonders harte und aggressive Form der Rockmusik (wird heute meist „Gabber" genannt), ferner eine Kurzform für „Hardcorefilm" und „Hardcoreporno". Außerdem ist Hardcore ein Begriff in der Popmusik. Es gibt „Hardcore Metal", „Hardcore Punk", „Hardcore Techno", „Hardcore Electro"; gemeint sind die jeweils typischen, unverfälschten oder besonders schnellen Versionen von „Metal", „Punk" etc.
Das daraus entstandene Eigenschaftswort „hardcore" bedeutet „hart", „schwierig", „anstrengend" etc.
Daneben gibt es jede Menge analoge Bildungen; so versteht man beispielsweise unter einem „Hardcore-Vegetarier" einen Vegetarier, der die entsprechenden Essensvorschriften besonders ernst nimmt.

hawedere ▷ **dere**

hazn ▷ **heizen**

Headbanger

■ Metaller, ein zur Heavy-Metal-Musik Tanzender, Besucher eines Heavy-Metal-Konzerts, Anhänger der Heavy-Metal-Musik

Headbanger, so weit das Auge reichte, tümmelten sich vor der Stage, die Wasser-

pistole wurde, wie so oft an diesem Weekend, wieder eingesetzt, um die heißen Köpfe der ▷ Mettler ein wenig abzukühlen.

„Headbangen" ist eine Tanzform, die von Metallern bei Konzerten praktiziert wird. Dabei vollzieht der Kopf eine zum Rhythmus der Musik passende schleudernde Bewegung, entweder ab- und aufwärts, kreisförmig oder seitwärts. Der Reiz des Headbangens liegt hauptsächlich darin, die Musik intensiver zu erleben und am eigenen Körper zu spüren; sich für die Dauer eines Songs darin zu verlieren. Nach der Mehrheitsmeinung der „Headbanger" intensiviert sich das Gefühl, wenn die Haare lang sind (▷ „Mettler").
In manchen Jugendgruppen wird „Headbanger" zu „Banger" verkürzt, die Bedeutung bleibt unverändert; in anderen unterscheidet man zwischen „Headbanger" (= Metaller) und „Banger" (= Hip-Hopper). Die Generation der heute 50-Jährigen stuft eine rhythmusbetonte Popmusik als „Headbanger" ein, zB jene von Status Quo oder Jethro Tull.

Heckspoiler
■ Tattoo oberhalb des Steißbeins

Ich finds nimmer schön, weil schon die ganzen ▷ Solarium-Tussen so an Heckspoiler ham.

Ein Tattoo oberhalb des Steißbeins nennt man, entlehnt aus der Autosprache, „Heckspoiler" (▷ „Arschgeweih"). Ein echter „Heckspoiler" am Auto heißt scherzhaft ▷ „Wäschetrockner".

heftig
■ unangenehm, arg

Jeder 2. mant zu mir: „Wos hobts denn ihr gestern aufgeführt??????" – „Liegts do aufn Gang umanonda ..." I was jo nur noch de Hälfte!!!! I zuck glei aus ... Oba dass des wirklich jeder mitgriagt hot, is scho voi heftig!!!!

Für ein kleines Glas Bier 3 Euro zu bezahlen, ist schon sehr heftig und könnte viele Touristen davor abschrecken, in die Türkei zu fahren.

Eine Freundin, die an eine Fachhochschule in St. Pölten geht, hatte in den ersten Wochen 37 Wochenstunden Anwesenheitspflicht. Das ist schon sehr heftig, so lange dort zu sitzen und sich das anhören zu müssen.

Das Eigenschaftswort *heftec* hat im Mittelalter so viel wie „haftend, beharrlich" bedeutet. Unter Einfluss des ähnlich klingenden *heifte* (= ungestüm) hat sich die allgemeine Bedeutung unserer Tage herausgebildet: „mit großer Intensität, von starkem Ausmaß, mit großer Wucht, ungestüm wirkend". Eine Nebenbedeutung ist „leicht erregbar, aufbrausend".

In der Jugendsprache wird „heftig" aber in einem ganz anderen Sinn verwendet. „Das war aber schon sehr heftig!" bedeutet: „Das war aber schon eine unangenehme Geschichte, eine Zumutung, ein starkes Stück, ein Schlag ins Gesicht!"

heizen, hazn, hoazn

■ Zigaretten rauchen, Cannabis rauchen

Noch a guter Tipp: Legts euch Räucherstäbchen zu, auch wenn sie für manche von euch sicher ned gut riechen; aber wenn du hazt, riechen deine Eltern nix!

Im allgemeinen Sprachgebrauch ist „(an)heizen" ein mundartlicher Ausdruck für „sich eine Zigarette anzünden"; unter Jugendlichen bedeutet „heizen" (mundartlich: hazn, hoazn) manchmal auch „Cannabis rauchen". In diesem Fall scheint auch eine lautliche Ähnlichkeit mit „Harz" gegeben zu sein, ein Ausdruck, von dem sich das Zeitwort „harzen" ableiten lässt, das umgangssprachlich ebenfalls „hazn" lautet.
Im allgemeinen Sprachgebrauch ist „heizen" auch ein mundartlicher Ausdruck für „schnell fahren" oder „um die Wette fahren" (mit dem Mofa, Moped, Motorrad, Auto). Eine Wettfahrt heißt „Heizerl", „Hazerl" oder „Hoazerl".

sich hinbrezeln

■ sich in ein Sofa, auf eine Couch etc. fallen lassen und gemütlich dasitzen

Was ich letztens festgestellt hab: Die Ledersofas, die sind so neu und ledrig ... ja, neu ... Die alten waren so schön abgefuckt und gschmuftig, da konnte man sich noch ordentlich hinbrezeln und versinken und ▷ abchillen.

Wenn es einem mit dem Fahrrad „aufbrezelt", dann landet man unsanft auf dem Asphalt („sich ▷ aufbrezeln"). Wer sich „hinbrezelt" landet hingegen sanft und wohlig auf einem gepolsterten Sitzmöbel.

Hirschgeweih

■ hochgezogener Motorradlenker

Der BMW Avantgarde-Lenker ist 28 mm dick, der Police-Lenker und das Hirschgeweih nur 25 mm. Du brauchst beim Umrüsten also auch noch neue Klemmblöcke.

In der Bikersprache wird ein hochgezogener Lenker als „Hirschgeweih" oder als ▷ „Affenhänger" bezeichnet.

hoazn ⊳ **heizen**

hochhaus

■ haushoch

Ich bin euer neuer Eisstock-King! 3 von 4 Partien hochhaus gewonnen!

Nach dem Muster von ⊳ „kehrvert" werden auch hier die Wortbestandteile vertauscht, um einen komischen Effekt zu erzielen.

HonK

■ Hauptschüler ohne nennenswerte Kenntnisse

Deswegen merkt euch: Trefft ihr einen HonK, redet langsam, in kurzen Sätzen ...

Eine ähnliche Abkürzung nach demselben Muster ist „MonK" (= Mensch ohne nennenswerte Kenntnisse).

Huterl

■ vorderes Pfeifenstück einer Wasserpfeife

Ich brauch keine Studien, um zu wissen, dass jemand, der a paar Ofen / Huterln intus hat, nicht mehr Auto fahren darf!

Das vordere Pfeifenstück einer Wasserpfeife (auch „Bong" genannt), das mit Cannabis gestopft wird, nennt man „Huterl", eine Verkleinerungsform mit „-erl", die typisch für das österreichische Deutsch ist. In Deutschland verkleinert man den „Hut" zu einem „Hütchen". Üblicherweise bezieht sich das Huterl auf eher kleinere Pfeifenaufsätze.

ich danke Sie

■ ich danke Ihnen

Hoffe gehelft zu haben. – Ich danke Sie.

Hier haben wir es mit einem absichtlich gemachten Fehler zu tun, statt „Ich danke Ihnen" wird „Ich danke Sie" verwendet; im Beispielsatz als Antwort auf „gehelft" statt „geholfen". – Pure Freude an dem Spiel mit der Sprache (▷ „Was ist mit du?"). Die Wendung „Ich danke Sie" geht zurück auf eine Szene in einem Spiel der deutschen Fußballbundesliga: Schiedsrichter zeigt Willi „Ente" Lippens die gelbe Karte und sagt „Ich verwarne Ihnen." Darauf Lippens: „Ich danke Sie!" – Schiri zeigt Lippens die rote Karte.
In Österreich und im Süden Deutschlands herrscht die seltsame Angewohnheit, umgangssprachlich statt „Sie" den Ausdruck „Ihnen" zu verwenden, weil diese Form offensichtlich als höflicher empfunden wird.
Die Verwendung von „gehelft" statt „geholfen" steht mit der im Deutschen feststellbaren Tendenz im Einklang, dass immer mehr starke Zeitwörter schwach gebeugt werden. Neue Zeitwörter, die aus fremden Sprachen entlehnt werden, sind überhaupt immer „schwach", zB ▷ „uppen": ich uppe, er uppt, ich uppte, ich habe geuppt ...

ich habe fertig

■ ich bin fertig / ich habe genug

Wia gehts zu in da HAK?? Ich sage nur: Ich habe fertig – und ab in den Flieger!

Das Zitat stammt von dem italienischen Fußballtrainer Giovanni Trappatoni, er hat ihn 1998 als Trainer des FC Bayern München in erregtem Zustand in einer Pressekonferenz verwendet. Eigentlich hätte er „fertig" mit „sein" verbinden müssen: „Ich bin fertig!" (Im Sinn von: „Ich bin erledigt, ich bin fertig mit diesem Verein.")
Die Komik des Satzes „Ich habe fertig" entsteht nicht nur durch die grammatikalisch falsche Konstruktion, sondern auch dadurch, dass die Wendung „Ich habe genug" mitschwingt – in diesem Fall wäre „haben" durchaus richtig gewesen.
Der Satz des radebrechenden Trappatoni hat unter Jugendlichen inzwischen Kultcharakter.

i-Mehl

■ E-Mail

▷ *Dere Swen, host du mei i-Mehl kriegt?? Oda host a neiche Adresse??*

He, Schmidl! Woasch iatz ah scho, wia ma a i-Mehl versendet?

Keiner schreibt mir ein i-Mehl. Willst du mir nicht schreiben??

Infolge des lautlichen Gleichklangs wird das englische Wort „E-Mail" im Rahmen von ▷ „Leetspeak" manchmal zu „i-Mehl" eingedeutscht, aus Spaß am Wortspiel zwischen den gleich klingenden Wörtern „Mail" und „Mehl" (▷ „mehlen"). In Österreich ist „E-Mail" meist sächlich, in Deutschland meist weiblich, allerdings ist auf österreichischen Webseiten auch die weibliche Form öfters anzutreffen.

jau, Jau

■ ja

War special ungschickt:
eine Mischung aus „die perfekte Welle" und meiner eigenen Unfähigkeit, gscheit zu schauen (Sonne tief, strada nassa). Jau, und plötzlich wechselt die Insel genau in meine Fahrlinie. Hab sie dann aber eh abgemahnt.

■ Jahr

Ajo, schene Ferien und a guads neis Jau!

„Momentan greift die Sitte, ‚jau' statt ‚ja' zu sagen, in Österreich hörbar um sich (‚Gehst du heute mit ins Kino?' ‚Jau!')." Das konnte man im Frühjahr 2005 in „Winders Wörterbuch zur Gegenwart" auf derStandard.at lesen.

Werbesujet von UPC-Telekabel, Frühjahr 2005

Zur Popularisierung des Ausdrucks in Österreich hat ganz wesentlich ein Werbeslogan der Firma UPC Telekabel beigetragen: Auf Plakaten werden mit „KABEL? JAU!" und einer entsprechenden Zeichnung all jene Wiener umgarnt, die noch keinen Kabelanschluss haben. Die dargestellten Fische sind dem Film „Findet Nemo" nachempfunden.

Das Wort ist alles andere als wienerisch, es stammt von der Waterkant und aus dem Ruhrpott, wo es, einem Internetlexikon über die Ruhrgebietssprache zufolge, dem Zweck dient, bei einer Unterhaltung eine Stimmung burschikoser Nähe herzustellen. Es kann sowohl vorangestellt als auch nachgestellt verwendet werden. Der „älteste" Beleg von „Kabel-Jau" stammt aus dem Jahr 2000. Ein Essay von Ulrich Horstmann, erschienen in dem Buch „Abdrift", trägt den Titel „Hai Teck und Kabel-Jau".
Im Internetjargon der Jugendlichen ist „Jau" auch die Schriftform für „Jahr" – bei konsequenter Kleinschreibung, wie sie auf Nickpages und in Foren oft anzutreffen ist, muss man daher aus dem Satzsinn entscheiden, ob „jau" (= ja) oder „jau" (= Jahr) gemeint ist.

Joghurtbecher

■ verkleidete Straßenmaschine

Wie zum Geier krieg ich die Kohle für nen Joghurtbecher zsamm?

Joghurtbecher oder Nackerte? Das ist wirklich ein Jammer. Also ich befinde mich total im Dilemma.

Als „Joghurtbecher" bezeichnet man in der Bikersprache leicht abwertend eine Straßenmaschine mit Verkleidung, im Gegensatz zur ▷ „Nackerten", die keine Verkleidung hat.

Jennifer

■ rasch

Ein Bier! Aber Jennifer!

Anstelle von „rasch" kann man auch „Jennifer" sagen. Dabei handelt es sich um eine deutsche Variante von „Cockney Rhyming Slang" – eine Insidersprache aus dem Osten Londons. „Jennifer Rush" ist eine bekannte Popsängerin, ihr Familienname (eigentlich: Künstlername) reimt sich auf „rasch" (= schnell). Wer „rasch" sagen will, verwendet aber nicht den ganzen Namen (Jennifer Rush), sondern nur den Vornamen (Jennifer): „Ein Bier! Aber Jennifer!" Man muss sich also den Familiennamen dazudenken, um die Sache überhaupt zu verstehen.
Der Spruch „Jennifer" stammt aus den 1980er Jahren, als die Sängerin mit „Power of Love", „Destiny" und „Ring of Ice" große Erfolge in den Hitparaden gefeiert hat. Er ist aber auch heute noch unter Jugendlichen in Gebrauch.
Nach demselben Muster gibt es im „Cockney Rhyming Slang" zahllose weitere Beispiele, die im Internet aufgelistet sind. Am bekanntesten ist „butcher's hook" (= Fleischerhaken) für „look" (= Blick). Man sagt also nicht „have a look", sondern „have a butcher's". Die sich reimenden Wörter „look" und „hook" stellen das gedankliche Bindeglied dar.

Kantn

■ durch zwei aneinander stoßende Flächen gebildete Linie (zB bei Skiern)

War gestan am Nassfeld, sooo super Wetter, aba wahnsinnig viel los. Gib da an Tipp: Schleif deine Kantn, es is teilweise extrem eisig!

■ Könner

Da er neben Dave der Einzige ist, der bei einem Sportverein und der Feuerwehr dabei ist, ist es auch nicht verwunderlich, dass er a Kantn ist.

■ Muskelpaket

Die Größe is nit ganz unwesentlich, XXL is meistens für Goalies, XL zieht man übern Panzer, über die Jacke für Besucher an. Da 's bei uns in der Eishockeyhalle scheißwarm is, musst da des gut überlegen. Allerdings kannst mit rund 180 cm scho a XL kaufen, kommt auch alles a bissl auf die Körperstatur an, und i woaß ja nit, was du für a Kantn bist!

■ beschützender Freund

Mei Kantn ... I hob erm sooo verdammt lieb ... Er ist immer für mich da.

■ KTM-Moped, KTM-Motorrad

Am Billa-Parkplatz das übliche Bild. Irgendeiner kommt dahergrennt und versucht mich auszuquetschen: „Is des die neiche Kantn, geht s' guat?" Wenn ich eine Harley gehabt hätte oder eine Agusta oder irgendeinen Oldtimer – okay, aber bei der Kantn sind die Leute einfach nur dahergekommen, weil s' von ihren Jugenderlebnissen erzähln wolln.

■ sich die Kantn geben = die Sau rauslassen

Freist di wohl schon aufn Hausball? Ma, do wer▷ *ma uns wieda voll die Kantn gebn miassn!*

■ auf der Kantn sein = unterwegs sein, auf Achse sein

I tät di so gern einaholn, aba i bin ja selba voll auf da Kantn!

■ die Kantn = besonders

Schnukkkkiiiii, wie gehts da? Alles wieder okay? ... Hab dich ur die Kantn lieb ... Kusssiiiii!

■ Kärnten

Ea frogt mi, wia er vo Wean noch Kantn kommt ...

Des passt scho, es san a mehra vo Kantn und ondara Exotn do!

Das Wort „Kante" stammt aus dem Norden Deutschlands, Herkunftswort ist das lateinische *cantus* (= eiserner Radreifen, Radfelge). Im übertragenen Sinn ist „Kantn" ein Ausdruck für „Könner", „Muskelpaket", „beschützender Freund".
„Auf der Kante sein" hat ursprünglich bedeutet, „mit einer gewissen Unsicherheit, Gefährdung verbunden sein". In der Jugendsprache scheint hingegen die Verwendung im Sinne von „auf Achse sein" häufiger. Hier ist die ursprüngliche Bedeutung von *cantus* noch lebendig. Die Wendung „sich die Kantn geben" bedeutet „die Sau rauslassen".
In Österreich bezeichnet man auch eine KTM-Maschine als „Kantn" (▷ „Kürbis"). Der Ausdruck klingt ähnlich wie KTM, was wohl ein Grund für die Wortwahl gewesen ist, doch könnten auch andere Bedeutungen „Könner" oder „auf Achse sein" eine Rolle gespielt haben.
Da das Bundesland Kärnten von der dortigen Bevölkerung als „Kantn" ausgesprochen wird, ist im Internet auch oft diese Schreibung zu finden, womit der Name des Bundeslandes mit den anderen Verwendungen lautlich zusammenfällt.

kapt, kopt
■ gehabt

Hab zwar schlussendlich frei krigt kapt für di Führerscheinprüfung, allerdings wars dann voll, also zu viele Prüflinge.

Die Schreibung „kapt" statt „gehabt" ist ein Beispiel für ▷ „Leetspeak". Ein geschriebenes g wird zu k. Die Formulierung „Ich habe freigekriegt gehabt" ist übrigens typisch für das österreichische Deutsch. Hier haben wir es mit einer grammatikalischen Zeit (Tempus) zu tun, die es offiziell gar nicht gibt, weil der Duden nur norddeutsche Normen pflegt. „Ich habe freigekriegt gehabt" ist aber ein korrekter deutscher Satz. Der Satz passt zu keiner der 6 Zeiten, die an den Schulen

unterrichtet werden. Er ist weder Perfekt („Ich habe freigekriegt") noch Vorvergangenheit („Ich hatte freigekriegt") noch Futur („Ich werde freikriegen") noch Futur exakt („Ich werde freigekriegt haben"); natürlich schon gar nicht Gegenwart („Ich krieg frei"), Präteritum / Mitvergangenheit („Ich kriegte frei").
„Ich habe freigekriegt gehabt" ist das so genannte Doppelte Perfekt, das in der Umgangssprache dazu dient, Vorvergangenheit auszudrücken, wenn im Perfekt erzählt wird.
Daneben gibt es noch das Doppelte Plusquamperfekt („Ich hatte freigekriegt gehabt") und das Doppelte Futur („Ich werde freigekriegt gehabt haben") – aber Letzteres wird ganz selten verwendet.

kehrvert

■ verkehrt

Hochsaukaser ... sooo schnell der Lift auch war, so schlecht war doch die Piste, ups, kehrvert!

Beil hcid bah!! Hups, schon wieder kehrvert!! Das hast du nun davon, weil ich nur noch an dich denken kann!!

Ein berühmtes Beispiel für Silbenvertauschung, es hat bereits Generationen von Jugendlichen amüsiert. Besonders beliebt ist diese Praxis heute in der französischen Jugendsprache, sie wird dort *le Verlan* genannt; der Ausdruck selbst ist eine Silbenvertauschung von *à l'envers* (= verkehrt).

Kentucky Schreit Ficken

■ Nonsensspruch

Hallo und herzlich willkommen bei Kentucky Schreit Ficken, dem Restaurant, in dem man gerne mal, ja sag mal, was hast du denn da! – Das ist meine Kuseschmatze. – Tu die weg! – Aber wieso denn, die hat doch so ein schönes fickes Dell. – Fickes Dell, fickes Dell, du weißt doch, dass ich Hatzen kasse.

Aus „Kentucky Fried Chicken" wird der Nonsensspruch „Kentucky Schreit Ficken". Nach demselben Muster werden manchmal ganze Geschichten erzählt. Die Formel „gefickt eingeschädelt" wird oft auch in E-Mails eingestreut.

kewl ▷ **cool**

jemanden kickbox machen

■ jemanden verprügeln

Spielst du Big Boss, mach ich dich kickbox!

Der Ausdruck ist Teil der unbeholfenen, aber witzigen Diktion türkischstämmiger Jugendlicher – eine Sprache, die von den beiden Komödianten Erkan & Stefan popularisiert worden ist. Kickboxen ist ein in den USA entstandener Kampfsport mit Elementen aus Karate und Taekwondo. Ziel sind Körpertreffer mit Fuß (Kicken) oder Faust (Boxen). Dieser Kampfsport unterscheidet sich stark vom Thaiboxen und ist mit diesem nicht verwandt. Schläge mit Ellbogen und Knie sind beispielsweise im Thaiboxen erlaubt, im Kickboxen verboten.

Ki(e)berer ▷ **Kiwara**

kiffen

■ Haschisch oder Marihuana rauchen

Wer nur mehr a Punk-alles-ist-scheiße-kiff-ma-uns-nieder-„Philosophie" in der Birn hat, der wehrt sich, eh klar, gegen alles, was er sowieso nicht versteht.

Ich hab nur Bilder, auf denen ich total zugekifft, besoffen oder nach Autounfall ausschau ...

Das Hauptwort „der Kif" (Haschisch oder Marihuana) stammt aus dem Englischen und geht auf das arabische Wort *kayf* zurück – mit der ursprünglichen Bedeutung „Wohlbefinden". „Kiffen" ist im gesamten deutschen Sprachraum der Jargonausdruck für „Haschisch oder Marihuana rauchen". Ein „Kiffer" / eine „Kifferin" ist also „jemand, der Haschisch oder Marihuana raucht". „Sich zukiffen" und „sich niederkiffen" bedeutet, „sich durch Kiffen in so einen Rauschzustand zu versetzen, dass man nichts mehr wahrnimmt".

Kiwara

■ Polizist

In Italien san sogoa die Kiwara zum Verlieben. I hob oa so a Politess noch dem Weg zu Honda gfrogt, na bist du deppat, i woa gleich voi valiebt, die hot sie a glei voi gfreit, dass mit mir englisch reden kaun.

Hey, Spatzele ... owa vom Gas!! Außerdem bin i koa Kiwara, des isch die Kripo, aber egal! I bin heit im Häfn arbeitn.

Das Wort „Kiwara", im allgemeinen Sprachgebrauch in der Schreibung „Ki(e)berer", geht zurück auf den Ausdruck „Küberer" – so hat man früher jene Polizisten genannt, die für die Kontrolle der Prostituierten zuständig waren. Später hat man mit diesem Begriff Kriminalbeamte in Zivil bezeichnet. Heute wird der Ausdruck in der Bevölkerung ganz allgemein für „Polizist" verwendet. Nur im Polizeidienst selbst bedeutet „Kiwara" so viel wie „Kriminalpolizist", wie das 2. Textbeispiel illustriert.

„Abrakadabra, a Kiwara is ka Hawara!" (Abrakadabra = eine alte Zauberformel; Hawara = Freund) lautet ein alter Nonsensspruch, der auch heute noch unter Jugendlichen beliebt ist. Vermutlich handelt es sich um eine Reaktion auf eine Imagekampagne der Polizei mit dem Slogan „Die Polizei, dein Freund und Helfer!"

klempen

■ Leerzeichen weglassen, wo sie hingehören

Franzosen ▷ plenken, wir nicht. Und klempen sollte man auch nicht. Was es alles gibt.

Mit dem Zeitwort „klempen" ist das Gegenteil von ▷ „plenken" gemeint: Dort, wo ein Leerzeichen stehen sollte, wird darauf verzichtet. Hier einige Beispiele für fehlende Leerzeichen:

„d.h." statt „d. h."
„z.B." statt „z. B."
„u.a." statt „u. a."
„Mir geht es gut.Ehrlich!Glaub mir!" statt „Mir geht es gut. Ehrlich! Glaub mir!"

Oft wird im Internet auch deswegen geklempt, um einen unschönen automatischen Zeilenumbruch zu verhindern. Das Österreichische Wörterbuch zeigt jedoch einen anderen Weg auf, es erachtet es als zulässig, bei Abkürzungen wie „d. h.", „z. B." und „u. a." gleich beide Punkte samt dem dazwischen vorgesehenen Leerzeichen wegzulassen: „dh", „zB", „ua". Wer in einer Schularbeit Abkürzungen in dieser Form verwendet, der hat also keinen Fehler gemacht.
Bei „klempen" handelt es sich um eine Wortbildung des Deutschen, die „plenken" und „klemmen" kombiniert. Sie hat also mit „Klempner" – deutsches Deutsch für „Installateur", in einigen Regionen auch für „Spengler" – nichts zu tun.

knuddeln

■ zusammendrücken, fest umarmen, abbusseln

Schöne Website – lass dich dafür knuddeln!

Kanns gar nimma erwarten, dich wieder knuddeln zu dürfen!

Das Wort „knuddeln" ist erst im 20. Jahrhundert entstanden. Die Bedeutungspalette reicht von „ein Plüschtier oder einen Welpen knuddeln", über „freundschaftlich umarmen" bis zu „knuddeln mit Bussi auf die Wange" und „knuddeln mit Bussi auf den Mund". Zur Verstärkung sagt man ▷ „niederknuddeln".
Der Ausdruck geht zurück auf „Knuddel", ein Wort, das in einigen Regionen Deutschlands anstelle von „Knäuel" verwendet wird.
Das Wort „knuddeln" ist vor allem bei Web-Chatterinnen beliebt.

konkret

■ großartig

Servus! I bins, da krasse Fussi! Und wenn ihr mir jetzt voll konkret etwas auf mei ▷ Nickpage draufschreibt, des wär doch echt ▷ brontaaaaaaal!!!!

Alles glatt in Islamabatt, legal in Senegal, roger in Kompocha, easy in Brindisi, konkret in Tibet, alles cool in Kabul, buena sierra in Canberra ...

■ sehr (verstärkend)

He oide Wüdsau! Hob di fucking fät krass voll konkret saumäßig lieb!

Das Wort „konkret" bedeutet im allgemeinen Sprachgebrauch „gegenständlich", „greifbar", „genau definiert" (zB „ein konkretes Anliegen, Beispiel", „die Sprache ist konkret und genau", „was ist konkret geplant"). Es geht zurück auf das lateinische *concretus* (= verdichtet, zusammengewachsen). Bei *concretus* handelt es sich um das Partizip Perfekt von *concrescere* (= sich verdichten, bilden), *crescere* bedeutet „wachsen". In der Jugendsprache wird „konkret", so wie „fett", „voll" oder „krass", verstärkend eingesetzt. Außerdem kann es „großartig, toll" bedeuten.
Erkan & Stefan haben diesen Ausdruck geprägt. Er wird von einem Teil der Jugendlichen begeistert verwendet und von einem anderen Teil vehement abgelehnt.

Konzi

■ Konzert

Uf a Konzi go, bi deam oam d' Musik net gfallt, wer isch scho so dumm?

Boah, das Konzi war sooooooooo ▷ geil!!! In der ersten Reihe war a Bombenstimmung!!!

■ Konzipient

Wie ist das Klima da? Hab gehört, die suchen einen Konzi ...

„Konzi" ist meist die Abkürzung für „das Konzert", in der Sprache der Jusstudenten für „der Konzipient".
Das Wort „Konzert" stammt aus dem Italienischen: *concertare* bedeutet „wetteifern", die eigentliche Bedeutung von „Konzert" ist also „Wettstreit".
Der Ausdruck „Konzipient" geht zurück auf lateinisch *concipere* (= erkennen, aufnehmen, auffassen); die ursprüngliche Bedeutung in der Medizin ist „schwanger werden".

korrekt

■ sehr gut, sehr schön, großartig

Echt entengeile Homepage, voll krass und korrekt, voll di Härte. Mega big congratulations!

Das Wort „korrekt" bedeutet im allgemeinen Sprachgebrauch „richtig", „einwandfrei", in der Jugendsprache „sehr gut, sehr schön, großartig". Der Ausdruck geht zurück auf lateinisch *corrigere* (= etwas Verbogenes gerade richten, etwas Fehlerhaftes verbessern, korrigieren).
Die Bedeutungsveränderung in der Jugendsprache ist zunächst in der rechtsradikalen Szene Deutschlands erfolgt. Deshalb wird das Wort heute in Deutschland in der linken Jugendszene nicht gern verwendet.
In Österreich scheint das Wort hingegen kaum vorbelastet zu sein.

krass

■ großartig, super

Der Film ist voll krass und schön spannend.

■ sehr (verstärkend)

Hob euch supi mega krass liab.

Das Wort „krass" ist zurzeit in der Jugendsprache ein Modewort, das auf vielfältige Weise verwendet wird. Außerhalb der Jugendsprache bedeutet „krass" so viel wie „extrem", „außerordentlich scharf", „grell".
Das Wort ist im 18. Jahrhundert vom lateinischen Wort *crassus* (= dick, grob) entlehnt worden,
Zur Popularität des Ausdrucks „krass" im Sinne von „großartig" haben ganz wesentlich die in München lebenden, in diesem Buch auch an anderen Stellen erwähnten Comedians „Erkan & Stefan" beigetragen. Ihr 3. Kinofilm trägt den Titel „Der Tod kommt krass".

Erkan & Stefan – Comedians mit krassen Sprüchen

krassomat

■ großartig, super

Sieht gut aus das Pic. Härte sieben war voll krassomat!!!

■ sehr (verstärkend)

Hab dich krassomat lieb!

Eine Verlängerung des Wortes „krass"; es drückt eine Verstärkung aus. Wird oft zusammen mit ▷ „brontal" verwendet.

Krickerl

■ kleiner Lenker, der eng an der Maschine anliegt

Hab meine 6er (Bj 97) vor einem Jahr zwangsweise (bin fachgerecht im Kreisverkehr abgefangen worden) umgebaut. Masken und Lenkerverkleidungen gibts wie Sand am Meer, aber der Look mit Krickerl und Maske ist (find ich) nicht sehr überzeugend!

Das Wort „Krickerl" bedeutet zweierlei: In der Jägersprache wird damit das Horn der Gams oder des Rehs bezeichnet (von Krücke). Außerdem nennt man eine „weinerliche Miene mit vorgeschobener Unterlippe" so, also einen nach unten verzogenen Mund. Ob für den Ausdruck der Bikersprache eher die erste Bedeutung oder die zweite ausschlaggebend war, ist ungeklärt.

kuhl

■ hervorragend, ausgezeichnet, schön, toll

Kuhl, dass ihr auf meine ▷ NP gefunden habts!!

Wie ▷ „cool", nur mit eingedeutschter Schreibung. Auf österreichischen Websites verhält sich „kuhl" zu „cool" wie 1 zu 10.

kult sein

■ einen Kultstatus haben, verehrenswert sein

Garfield ist kult, und der Film ist auch gut gemacht. Was mich stört, ist die Synchronstimme von Thomas Gottschalk, die absolut nicht zu Garfield passt.

Schön langsam zipft mich das an, dauernd spielst am Abgrund! Die Fanclubs sollten endlich mobil machen! Protest! Austria Salzburg ist kult, wir dürfen nicht untergehn!

Mit dem Hauptwort „Kult", von lateinisch *cultus* (= Pflege, Verehrung einer Gottheit) abgeleitet, bezeichnet man heute „die an feste Formen, Riten, Orte und Zeiten gebundene religiöse Verehrung einer Gottheit durch eine Gemeinschaft". Daneben ist „Kult" aber auch ein Ausdruck für „übertriebene Verehrung einer Person oder einer Sache". Nicht zuletzt drückt „Kult-" in Verbindung mit einem Hauptwort aus, dass jemand oder etwas die höchste Verehrung und Bewunderung einer Fangemeinde genießt: Kultautor, Kultfigur, Kultfilm, Kultbuch etc.
Das Eigenschaftswort zu letztgenannter Bedeutung ist „kultig", in der heutigen Jugendsprache wird das Wort allerdings oft zu „kult" verkürzt. Im ⊳ „Leetspeak" ist auch „coohltig" gebräuchlich.

Kürbis

■ KTM-Mofa, KTM-Moped, KTM-Motorrad

Die Entscheidung ist gefallen, es wird ein Kürbis – die KTM LC4 620 SC SM (recht kompliziert, diese Bezeichnung).

Ein Mofa, Moped oder Motorrad der Marke KTM wird umgangssprachlich „Kürbis" (oder ⊳ „Kantn") genannt. In beiden Fällen, sowohl beim Zweirad als auch beim Gemüse, springt uns ein leuchtendes Orange ins Auge.
Die Firma KTM ging aus einer von Hans Trunkenpolz in Mattighofen (OÖ) gegründeten Schlosserwerkstätte hervor. Seit 1953 nennt sich die Firma Kronreif & Trunkenpolz, Mattighofen.

Ein Kürbis im Tiefflug

Kussi

■ Kuss (mit Verkleinerungsendung)

Bussi, Kussi, hob di voi lieb. Kathy.

In Österreich wird eher „gebusselt", im Norden des deutschen Sprachraums eher „geküsst". Die am weitesten verbreitete Verkleinerungsform von „Kuss" ist „Küsschen". In Österreich werden aber die Wörter mit der Endung „-chen" als fremd empfunden – es gilt also der Grundsatz: Wenn schon „Kuss", dann „Kussi" und nicht „Küsschen". Auf den österreichischen Websites von Google findet man „Kussi" 11.000 Mal, auf den bundesdeutschen 14.000 Mal – obwohl es in Deutschland 10-mal so viele User gibt! Im ▷ „Leetspeak" ist die Schreibung „Kuzzi" anzutreffen.

Ladychecker
■ Frauenheld, Aufreißer

Na, du kleiner Ladychecker!!! Bist ja ne richtige Flirtmaschine!

Der Ausdruck ist zurzeit vor allem auf bundesdeutschen Websites zu finden, kommt aber auch bei österreichischen Jugendlichen gut an (▷ „checken").

laggen (gesprochen: *läggn*)
■ verzögert, fehlerhaft übertragen

Es hat gestern so scheiße gelaggt! Sobald mehr als 30 Leute am Bildschirm san und es voll zur Sache geht, hat man fast ein Standbild ... Scheiße so was!

Das englische Hauptwort *lag* (= Verzögerung) ist ein Wort des Internetjargons für eine vorübergehende Verzögerung in Computernetzwerken. Besonders störend sind „Lags" bei Onlinespielen. Da kann es passieren, dass bei einem Anwender ein Gegner an einer Stelle gezeigt wird, an der sich dieser nicht mehr befindet, einfach weil der Server die aktuellen Daten noch nicht an diesen Anwender geschickt hat. So kann es dann zB bei Onlineshootern vorkommen, dass Spieler sich ruckartig bewegen oder Schüsse ins Leere gehen, obwohl dort jemand zu sehen war.
So wie es aussieht, waren es Jugendliche, die das englische Wort ins Deutsche entlehnt und den Regeln der deutschen Sprache angepasst haben. Die Formen des Zeitworts lauten im Deutschen: laggen, es laggt, es hat gelaggt ...

Lamer (gesprochen: *leima*)
■ Falschspieler, unfairer Typ

Wenn ihr zu blöd seid, die Waffen zu bedienen, dann zockt lieber Moorhuhn, ihr LAMER!

Wer nicht im ▷ „Leetspeak" kommuniziert, ist aus Sicht der „Leetspeaker" ein „Lamer". Außerdem ist „Lamer" im Internetjargon ein Schimpfwort gegenüber einem unbeholfenen Menschen. Das aus dem Englischen entlehnte Wort „Lamer" (= Lahmer) ist ein abwertender Begriff für jemanden, der zB von der Community

nicht als fair empfundene Taktiken anwendet, Lag-Effekte bewusst ausnützt, oder jemand, der sich aufspielt, andere stört, sie als Cheater diffamiert oder sich auf andere Weise unbeliebt macht. Generell also ein Spieler, der in irgendeiner Weise nervt und den anderen den Spaß am Spiel verdirbt.
Die Herkunft des Begriffs ist nicht ganz geklärt. Einige meinen, dass er aus der Skateboarder-Szene stammt, wo das Eigenschaftswort „lahm" schon länger abwertend benützt wird. Gelegentlich werden auch ▷ „Newbies" wegen ihrer Unwissenheit und Unerfahrenheit bezüglich der Umgangsformen im Internet als „Lamer" bezeichnet. Das Zeitwort *to lame* bedeutet im Englischen „lähmen"; *lame duck* ist eine „lahme Ente" (= schwerfällige Person, langsames Fahrzeug mit schwachem Motor).

lecker

■ geschmackvoll, köstlich

Maaaa, so lecker, i ess grad an Donut mit Schokoglasur.

Das Wort „lecker" ist im Mittelalter im Norden Deutschlands vom Zeitwort „lecken" abgeleitet worden, bedeutet also „was zum Lecken ist". Im Nordwesten Deutschlands bedeutet „lecker" so viel wie „wählerisch beim Essen sein", was in den anderen Teilen Deutschlands mit dem Ausdruck „leckerhaft" bezeichnet wird.
Nach Österreich ist der Ausdruck „lecker" erst in den letzten Jahrzehnten gelangt, vor allem durch TV- und Kinofilme sowie durch die Werbung. Er wird von Jugendlichen gern verwendet, von der älteren Generation teilweise vehement abgelehnt. Die Ablehnung hängt damit zusammen, dass man in Österreich eher das Wort „schlecken" und nicht das Wort „lecken" verwendet. So sagt man in Österreich „sich alle zehn Finger abschlecken" (= sich über etwas Unerwartetes freuen), in Deutschland „sich alle zehn Finger nach etwas lecken" (= Lust auf etwas haben). Nur das Götz-Zitat lautet auch in Österreich so, wie Goethe es in die Urfassung des Theaterstücks hineingeschrieben hat: „Sag ihm, er solle mich im Arsch lecken!" Später hat er einige volkstümliche Wörter und Wendungen aus dem Text herausgestrichen, auch den viel zitierten Satz. Im Reclam-Textheft „Götz von Berlichingen" wird man ihn vergeblich suchen.

leckerlich

■ geschmackvoll, köstlich

Und, hat die ▷ Schoki gestern noch geschmeckt? – Leckerlich!

Muss das Rezept auch versuchen, klingt extrem leckerlich.

Das Wort „lecker" wird manchmal auch um die Nachsilbe „-lich" erweitert, vor allem in Österreich. Auch „lecker-schmecker" ist zu hören.

leechen (gesprochen: *lietschn)*

■ etwas aus dem Internet oder von einem anderen Computer herunterladen

Was ich arg find: Würmli löscht ja alle MP3s und scheißt sich ned viel, ob du nun deine ganze CD-Sammlung gerippt (▷ „rippen") oder ausnahmslos ausm Web geleecht hast!

Hast du nur geleecht oder auch geseeded? Mit welchem Programm?

■ den Spielgegner schwächen

Der hat vorher keinen extra Schaden gemacht, nur Mana geleecht.

Das Zeitwort „leechen" ist einer von vielen Ausdrücken für „downloaden" (= etwas aus dem Internet oder von einem anderen Computer herunterladen). Andere sind ▷ „saugen", ▷ „zapfen", „zerren", „ziehen". Das Gegenteil von „leechen" ist ▷ „seeden". In der Gamersprache bedeutet „leechen" so viel wie „den Gegner schwächen" (indem man ihm „Lebensenergie", „Mana" oder „Ausdauer" wegnimmt). Der Ausdruck ist verwandt mit dem englischen Zeitwort *to leech* (= klammern) und mit dem englischen Hauptwort *leech* (= Blutegel, Blutsauger).

Leecher

■ Trittbrettfahrer im Web, Parasit

Jetzt hört endlich auf, ihr scheiß Leecher, ich will in Ruhe zocken können!

Leecher, die sich halb nackig saugen und nicht mal ein „yeah" oder „shit" rausbekommen, werde ich verfolgen und sie zwingen, Mozzarella zu essen.

Das ist eine „Anti Leecher-Funktion" im Programm, gegen Leute, die nur saugen wollen! Wer was haben will, muss auch was geben!

Wer bei Tauschbörsen oder ähnlichen Download-Services nur herunter- und nichts hochlädt, ist ein „Leecher". Gleiches gilt für all jene, die auf Spieleplattformen zuschauen, sich am Spiel aber nicht beteiligen. „Leecher" sind also „Trittbrettfahrer im Web", was verpönt ist. Gemeint sind auch jene, die in so großen Mengen Daten herunterladen, dass sie an die mit dem Provider vereinbarten Download-Obergrenzen stoßen.

leet, 1337 (gesprochen: *lieht)*

■ großartig, hervorragend

A ▷ fettes 10-Mann-Zöt warat leet!

Happy Birthday dem Mann mit dem leetesten Namen ever!

Vielleicht suche ich mir meine 1337-pr0n-133ch0r lieber selbst aus ...

0}{, 31|\| 1337-M4|\| : \^/0|_|_73 |\||_|r M4|_ \^/1d3r }{4|_|_0 5493|\|.

Der Ausdruck „leet" ist aus dem Englischen entlehnt. Es handelt sich um ein Eigenschaftswort, das vom Hauptwort *elite* (= die Elite) abgeleitet wurde. „Das ist leet" bedeutet also so viel wie: „Das ist großartig, hervorragend, spitze". In manchen Fällen wird „leet" sogar noch gesteigert: „leet", „leeter", „am leetesten". Der Ausdruck „leet" ist auch eine Wortkomponente von ▷ „Leetspeak". Nach den Prinzipien dieses Internetjargons wird „leet" oft auch wie folgt geschrieben: 1337 (vier Ziffern), l337 (kleines l und 3 Ziffern), 133t (3 Ziffern und kleines t) oder l33t (kleines l, 2 Ziffern und kleines t). Im Scherz wird die Zahl 1337 auch verdoppelt: „Ich bin 2674" bedeutet also: „Ich bin mehr als leet", „Ich bin überleet."

Leetspeak (gesprochen: *lieht-spiek)*
■ eine Art Internetslang

„Leetspeak" (manchmal auch Leetspeek, oder nur Leet) ist eine Art Internetslang, bei dem Buchstaben durch andere Buchstaben, durch Ziffern oder durch Sonderzeichen ersetzt werden. Der Ausdruck „leet" kommt vom englischen *elite* (= ausgezeichnet), denn als „Elite" sehen sich jene User, die mit „Leetspeak" kommunizieren, alle anderen bezeichnen sie als ▷ „Lamer". Oft sind auch folgende Schreibungen anzutreffen: l33t5p34k, l337 sp33k, 133t, 1337 oder l33t.
„Leetspeak" ist von Jugendlichen entwickelt worden, um über illegale Praktiken wie Software-Piraterie kommunizieren zu können, ohne dass die Texte von Computern automatisch ausgelesen und gefiltert werden können. Da ein Computer mit der Zeichenkombination |30M|33 nicht viel anfangen kann, sie aber für einen Menschen mit ein wenig Übung als „Bombe" zu lesen ist, bietet „Leetspeak" einen gewissen Schutz gegen abhörende Rechner. Natürlich sind die Schreibungen immer wieder geändert worden, sobald sich die Chiffre herumgesprochen hat.
Am besten lässt sich das am Beispiel des Worts „Hacker" demonstrieren: Ursprünglich war „hack0r" oder „h4cker" gebräuchlich, dann ist das Wort bis zur Unkenntlichkeit entstellt worden: „h4x0r", „|-|^><()|z".
Die einfachste Form von „Leetspeak" besteht darin, jeden zweiten Buchstaben großzuschreiben. DaBeI bLeIbT aLlErDiNgS dIe LeSbArKeIt DeS tExTeS vOlL eRhAlTeN! In der Internetsprache heißt diese Darstellungsform, die vor allem dekorativen Zwecken dient, „Studlycaps" oder „Stickycaps".
Eine Variante ist die Kleinschreibung aller Vokale und die Großschreibung aller Konsonanten oder umgekehrt: DaS iST eBeNFaLLS ReCHT eINFaCH ZU LeSEN.

Der eigentliche „Leetspeak" beginnt dort, wo Buchstaben durch ähnlich aussehende Zahlen ersetzt werden. So wird das Wort „leet" selbst oft nur mit den Zahlen 1337 wiedergegeben. Wenn man diese Ziffern in einen Taschenrechner mit 7-Segment-LCD-Anzeige eintippt, kann man die Zahl 1 als den Buchstaben l (oder i) interpretieren, die Zahl 3 als ein (seitenverkehrtes) e und die Zahl 7 als t. Die Zahl 8 kann an die Stelle von B treten, 9 wird als g verwendet, 4 als A, 5 als s und die Zahl Null als Buchstabe O. Manchmal kann ein Buchstabe sogar eine ganze Silbe oder ein ganzes Wort ersetzen, so bedeutet „n8" so viel wie „Nacht", „gn8" so viel wie „Gute Nacht", „8ung Ironie" bedeutet „Achtung Ironie". Beim Wort „Porno" wird das O als Zahl Null geschrieben; außerdem werden die Buchstaben anders gereiht: „pr0n".

„Studlycaps" in der Werbung

Den Grundsätzen des „Leetspeak" entspricht auch die lautgetreue Wiedergabe von Mundartausdrücken. Es werden Buchstaben durch andere Buchstaben ersetzt. Man kann es auch so sehen: Im Wort „Ki(e)berer" wird der Buchstabe b zu w, der Vokal e zu a, die Endung „-er" zu a – das ist einerseits „Leetspeak", andererseits die lautlich korrekte Wiedergabe der umgangssprachlichen Ausdrucksweise: ▷ „Kiwara". In gleicher Weise wird der Gruß „servus" zu ▷ „seas" oder „sers", „habe die Ehre" zu „hawedere" oder „dere". Auf die Ursprungswörter wird nur wenig Rücksicht genommen. Wörter, die gleich klingen, werden gleich geschrieben. So kann ▷ „Kantn" nicht nur „Kante", „Könner", „Muskelpaket", „beschützender Freund" oder „KTM-Maschine" heißen, sondern auch „Kärnten" bedeuten – zumindest unter Kärntnern. Das Wort „voi" kann entweder „voll" (= sehr) heißen, aber auch „Fall": „auf jeden Voi". Alte Ausdrücke aus den Mundarten (Dialekten) werden wiederentdeckt und besonders häufig verwendet: „tschicken" (= rauchen), meist „chiggen" geschrieben, ▷ „hackeln" (= arbeiten) etc. Hier kann das vorliegende Buch einige wenige Beispiele liefern. Meist handelt es sich um Ausdrücke, die Teil des allgemeinen Sprachgebrauchs sind, also auch von Erwachsenen hin und wieder gebraucht werden.

In England und in den USA wird oft am Wortende ein z gesetzt; so wird „greetings" zu „greetz", „tools" zu „toolz", „wares" zu „warez" (womit eine Bedeutungsveränderung zu „unerlaubt kopierte Programme" eintritt). Analog dazu gibt es in Österreich und in Deutschland im „Leetspeak" die Form „Leutz" statt „Leute", zB die

Begrüßungsformel „Hi, Leutz!"). Das fragende „Was?" wird zu „Waz?" oder „Wazz?" Auch ss und ß werden zu zz: „voi süzz" statt „voll süß", „Buzzale" statt „Bussale". Im angloamerikanischen Raum wird „thanks" zu „thx" abgekürzt, dh am Wortende wird ks zu x. Dasselbe passiert im deutschen Sprachraum: „dickes Bussi" wird zu „dix Bussi". Das ist an sich nicht ungewöhnlich, denn auch die Erwachsenen schreiben „nix is fix" anstelle von „nichts ist fix". In der Jugendsprache wird auch „erwachsen" zu „erwaxn" oder „erwoxn", „Wichser" zu „Wixer", „schnackseln" zu „schnaxln". Außerdem kann auch ein ts zu z werden: „Wie gez?" statt „Wie gehts?" In manchen Fällen wird einfach ein Laut unterdrückt: „jez" statt „jetzt" (z statt tzt), aber auch „etz" (mit ausgefallenem j). Es können aber die tz auch durch ts wiedergegeben werden; das wäre dann „aufgemotst" statt „aufgemotzt".

Allgemeine Regeln sind schwer aufzustellen, entscheidend ist, wie das Schriftbild wirkt und welche Assoziationen es weckt; so haben wir auch „säxxy" statt „sexy" gesehen (hier wird der Vokal eingedeutscht und das x verdoppelt).

Manchmal werden Wörter der deutschen Sprache so geschrieben, als ob sie englische Wörter wären (zB ▷ „shice" für „Scheiß", ▷ „coohltig" für „kultig") oder englische so, als ob sie deutsche wären (zB „kuhl" für ▷ „cool"). Das Wort „E-Mail" taucht hin und wieder in der Schreibung ▷ „i-mehl" auf, „mailen" als ▷ „mehlen".

In Österreich wird in der Aussprache zwischen p und b, t und d, in manchen Fällen auch zwischen k und g nicht deutlich unterschieden. Eigentlich sollten die „weichen" Laute b, d und g stimmhaft gesprochen werden, die harten Laute p, t und k stimmlos – so sehen es jedenfalls die vom norddeutschen Sprachgebrauch geprägten Normen vor. In Österreich (und in Süddeutschland) werden jedoch sowohl die weichen als auch die harten Laute stimmlos gesprochen. Dies bedeutet, dass der Unterschied zwischen „baden" und „baten" nur in der Druckstärke liegt. Oft wird aber auch dieses Unterscheidungselement vernachlässigt, dann gibt es in der Aussprache zwischen p und b etc. keinen Unterschied mehr. Deshalb wird in Foren und auf Nickpages oft ein b, d bzw. g anstelle eines p, t bzw. k verwendet: „Dua di deswegn ned aufregn!" statt „Tu dich deswegen nicht aufregen!" Hier gilt also wieder der Grundsatz: „Schreibe, wie du sprichst!" Aber auch der umgekehrte Vorgang tritt ein: Statt b, d bzw. g wird oftmals ein p, t bzw. k geschrieben: „Ich hab nicht freikriegt kapt" statt „ich habe nicht freigekriegt gehabt" („kapt" statt „gehabt", also k statt g und p statt b); auch das ist eine korrekte Wiedergabe der gesprochenen Laute, denn in „gehabt" ist das h dafür verantwortlich, dass das vorhergehende g zu k wird, und das t im Auslaut sorgt dafür, dass b zu p wird. Wir haben es auch hier mit dem Grundsatz „Schreibe, wie du sprichst!" zu tun. Zu guter Letzt gibt es aber auch Fälle, wo ein b, d oder g sozusagen aus Jux und Tollerei durch ein p, t oder k ersetzt wird: „bis balt" statt „bis bald" (t statt d), „hast ihn gepumst" statt „hast ihn gebumst" (p statt b), „Alles roger in Kompocha!" statt „Alles roger in Kambodscha!" (p statt b, ch = tsch statt dsch). Diese Vertauschungen lassen sich nur damit rational erklären, dass man in Österreich bei einem gesprochenen b immer den Verdacht haben muss, dass es sich eigentlich um ein geschriebenes p handeln könnte.

Buchstabenvertauschungen, die im Englischen üblich sind, werden ins Deutsche importiert. Für den Buchstaben f wird auch oft ph verwendet („Freak" wird zu „Phreak", „fett" zu „phätt"); umgekehrt steht statt ph oft ein f (auch der Duden hat vor geraumer Zeit aus Photo ein Foto gemacht).

Manchmal werden auch Symbole außerhalb des alphanumerischen Zeichensatzes verwendet. So kann man mit vier Schrägstrichen (Slashes) den Buchstaben M darstellen: /\/\. Oder man nimmt zwei senkrechte Striche und zwei Schrägstriche: |\/|. Für den Buchstaben H verwendet man zwei senkrechte Striche und setzt dazwischen ein Trennzeichen: |-|. Die mundartliche Version des Wortes „Hammer" kann daher wie folgt wiedergegeben werden: |-|4/\/\/\/\4 oder |-|4|\/||\/|4. Ein anderes Beispiel: Am Beginn eines Entrys kann man manchmal lesen: |-|/-\|_|_0! Wie gehts denn so??? – Oder es wird aus dekorativen Gründen ein Anfangsbuchstabe mit Sonderzeichen geschrieben: }{i mei süZzee!!! (= Hi, meine Süße!)

In einer anderen Variante von „Leetspeak" werden bestimmte Buchstaben, zum Beispiel Umlaute, durch solche Sonderzeichen ersetzt, die nicht so einfach zu generieren sind: „wÃ1⁄4nsch ein schÃ¶nes we!" (= Wünsch ein schönes Wochenende!) Wenn jemand auf einer Spieleplattform einen Nickname mit derartigen Zeichen verwendet, können ihn die anderen Spieler nicht ohne weiteres aus dem Spielzimmer entfernen.

Tippfehler werden übrigens selten korrigiert, nach dem Grundsatz: „Tippfehler gehören zum Leben!" oder „Wer Rechtschreibfehler findet, darf sie behalten!" Deshalb deaktivieren viele Jugendliche im Programm Microsoft Word die Funktion „Autokorrektur". Wenn bestimmte Wörter öfters falsch geschrieben werden, dann wird die falsche Schreibung sogar zur Norm. Im folgenden Beispiel wird „alles" zu „allse": „Wie gehts, wie stehts? Allse paletti beim Zivildienst?" Im Satz: „Dann wieder back to se town" wird „the" absichtlich als „se" geschrieben – manche haben ja mit der Aussprache des th so ihre liebe Not. Dass aus „genial" die Schreibung „genital" wird, ist natürlich ebenfalls Absicht, genauso wie „wonderbra" statt „wunderbar". Manche „Leetspeaker" weisen manchmal extra darauf hin: „Tippfehler sind Absicht, bei der Übernahme von Texten darf die Schreibung nicht geändert werden!" Auch grammatikalische Fehler, oft durch die Medien popularisiert, werden als witzig empfunden: ▷ „Ich danke Sie", ▷ „Was ist mit du?" ▷ „Ich habe fertig!" etc.

In letzter Zeit hat sich „Leetspeak" von einer Geheimsprache für Insider zu einer Modeerscheinung in der Internetkommunikation entwickelt. Oft werden in Foren und auf Nickpages auch traditionelle Texte mit einigen Wesensmerkmalen von „Leetspeak" aufgepeppt.

lei(n)wand, Leiwand

■ großartig, hervorragend

Find ich auch leiwand, werd mir das Buch zu Gemüte führen.

Wenn etwas „großartig", „außergewöhnlich", „vortrefflich" ist, dann verwendet man in Österreich den Ausdruck „Lei(n)wand", oft auch „leiwand" geschrieben. Das Österreichische Wörterbuch führt die Großschreibung als Hauptform an, lässt aber die Kleinschreibung ebenfalls gelten. Allerdings wird die Großschreibung selten verwendet, weil das Wort nicht als Hauptwort, sondern als Eigenschaftswort empfunden wird, was ja auch stimmt. Die Wörterbuchmacher meinen hingegen, dass derartige Eigenschaftswörter dann großzuschreiben sind, wenn das Hauptwort, aus dem sie hervorgehen, noch präsent ist (zB „Das ist mir Blunzen", und nicht: „Das ist mir blunzen"). In den Chats und in den E-Mails der Jugendlichen dominiert aber ohnedies die allgemeine Kleinschreibung, so dass das Thema in der Praxis wenig Bedeutung hat.
Der Ausdruck „leiwand" ist vermutlich deshalb entstanden, weil Leinen früher ein wertvoller Besitz und ein Teil der Aussteuer war. Das ursprüngliche Hauptwort „Leinwand" ist im Mittelalter als *linwat* (= Leinengewebe) belegt, später erfolgte eine Umbildung in Anlehnung an „Gewand".

lollen

■ laut aus sich herauslachen

Was gibts denn da zu lollen? – Lass mich halt lollen, woher soll ich denn wissen, dass HH Hansestadt Hamburg is? Ich weiß nicht, warum ich alles so lustig find ... Mit lolligen Grüßen Reno

Bei den Chats im Web, aber ganz besonders beim SMSen (Simsen), werden aus Zeit- und Platzgründen Kürzel verwendet, die aus dem Englischen stammen. Eines davon ist *lol*. Es bedeutet *laughing out loud* (= lauthals lachen). ⊳ „Rofeln" steht eine Stufe höher. In der Jugendsprache ist aus „lol" inzwischen ein Zeitwort geworden: „lollen".
Im Deutschen wird neben *lol* auch *löl* und *lül* verwendet. *löl* ist ein leiseres Auflachen als *lol*; zwischen *löl*und *lül* besteht kein Unterschied. Eine Verstärkung von *lol* ist *mega lol* (⊳ „mega"). Manche ärgern sich darüber, dass *lol* im Deutschen mit einem Umlaut versehen worden ist (den es im Englischen ja nicht gibt), sie reagieren darauf mit der Protestform *lql*.
Laut Wikipedia hat „lol" unter Gamern seinen ursprünglichen Sinn größtenteils eingebüßt; es bedeutet oft nur noch so viel wie „ok" (Kenntnisnahme einer Äußerung).

lollig

■ zum Lachen

Hat wer von euch die Folge gsehn, wo des brave Pfarrers-Töchterl in die Schul-Hip-Hop-Gruppe wollte??? So lollig!!!

Hier handelt es sich um das Eigenschaftswort zu „lollen".

ma

■ Phrase zur Einleitung eines Satzes

Maaaa, Leute: Glaubt ihr denn wirklich, dass es was bringt, wenn ihr jetzt das Forum zubombardiert?

I muss no Musik lerna und Gitarre üba, mahh, i will au frei hia ... Mahh, du fahrsch nach Italien und wir sind in Vorarlberg.

Der Ausdruck „ma" wird oft zur Einleitung eines Satzes verwendet. Da zur Betonung eines Wortes Vokale verlängert werden, sind im Chat auch die Schreibungen „maa", „maaa", „mahh", „mahhh" etc. gebräuchlich.
Das Wort stammt vermutlich aus dem Italienischen, wo *ma* so viel wie „aber" heißt; die ursprüngliche Bedeutung wird aber von vielen nicht mehr wahrgenommen. Im Süden Österreichs ist „ma" als Einleitung eines Satzes häufiger anzutreffen als in den anderen Regionen, was diese Theorie stützt. Andere meinen, es handle sich um eine Verkürzung von „marandjosef". Für diese Theorie spricht, dass „ma" auch ein Ausruf des Erstaunens ist. Jedensfalls scheint sich „ma" heute stark auszubreiten.

Mäci

■ McDonald's-Restaurant

Bei einem ordentlichen Fressflash im Mäci merkt man oft nicht, wie man seinen Essplatz zurichtet, da man so sehr damit beschäftigt ist, seinen Hunger zu stillen.

Hab mir gestern nen Erdbeer-Milkshake vom Mäci kauft. Der war lecker ... auch wenn das Ding noch nie ne Erdbeere gsehn hat.

■ Hamburger von McDonald's

Wia gots?? Wia lang warschd geschtn no?? Und hot da Mäci gschmeckt?!

In der Sprache der Jugendlichen (und auch der Erwachsenen) wird McDonald's zu „Mäci" verkürzt. Es kann sich um eine Filiale der Restaurantkette handeln oder um einen Hamburger (▷ „Schachtelwirt").

Das erste McDonald's-Restaurant Österreichs ist am 27. Juli 1977 am Schwarzenbergplatz in Wien eröffnet worden. Interessant ist auch, dass die Schreibung „Mäci" (mit Umlaut a und c) von den Jugendlichen in Anlehnung an „Big Mäc" einheitlich verwendet wird; andere Schreibungen sind in der Minderheit und sind wohl auch bereits anderweitig vergeben: „Mecki" (mit e und ck) ist ein Kosewort für Ziege, die Fernsehzeitschrift „Hörzu" hat in den 1950er Jahren eine Igelfigur namens „Mecki" populär gemacht. Von daher stammt auch der Ausdruck „Meckifrisur" (= Igelfrisur). „Mäcki" (mit Umlaut a und ck) ist ein Kosename; Jugendliche kennen heute unter „Mäcki Maus" auch ein Computerspiel für Windows.

Maria Joana (gesprochen: *maria dschoana*), **Mary Jane** (gesprochen: *märi dschein*)

■ Marihuana

Also ok, Alk versus Maria Joana: Am schlimmsten find ich den Filmriss. Weil mia is es oft passiert, dass ich voll die ▷ schwulen und verdammt peinlichen Sachen gemacht habe! Monchmoi sans cool ummakemma, oba öfters homs sicha über mi denkt, dass i a bissal nebn de Sandalen steh!

Die Bezeichnung „Marihuana" geht auf einen mexikanisch-spanischen Ausdruck zurück; im Englischen ist in Angleichung an die spanischen Vornamen „Maria" und „Joana" die Form *marijuana* entstanden. Deshalb ist auch heute noch „Maria Joana" ein Codewort für Cannabis, genauso wie das Englische „Mary Jane". Vielleicht ist deshalb ein Doppelname gewählt worden, weil die Hanfpflanze zweihäusig ist. Als Rauschmittel sind nur die weiblichen Pflanzen geeignet.

Majo, Mayo

■ Mayonnaise

Wer von eich isst gern a Wurschtsemmel? Wenn ja, wie? Mit Extra oder Wiener oder vielleicht sogar Salami? Mit Mayo oder Gurkerl?

Das Wort „Mayonnaise" (auch: „Majonäse") wird von Jugendlichen (und auch Erwachsenen) auf „Mayo" (auch: „Majo") verkürzt. Der Ausdruck wird meist auf das französische *mahonnaise*, das Eigenschaftswort zu Puerto Mahon auf Menorca, zurückgeführt. Dass dort die Mayonnaise erfunden worden ist, dürfte aber ins Reich der Legende gehören. Ein Zusammenhang mit dem französischen Wort *mailler* (= schlagen) ist wahrscheinlicher.

mega

■ sehr (verstärkend zu einem Eigenschaftswort)

Ihr warts einfach voll mega ▷ geil! Wia immer halt!

Das Wort „mega" wird in der Jugendsprache dafür verwendet, Eigenschaftswörter zu verstärken. Es stammt von griechisch *megas* (= groß) ab. Der Ausdruck kommt aus der Wissenschaftssprache. Dort wird „mega" dazu verwendet, um etwas Großes zu bezeichnen (Megalith, Megaphon) oder um das 10^6-fache (Millionenfache) einer Maßeinheit anzugeben (Megawatt, Megabyte). In der heutigen Zeitungssprache wird „Mega-" einem Hauptwort vorangestellt, um die Größe eines Ereignisses oder eines Vorgangs auszudrücken: „Megastau", „Megashow" etc.

mehlen

■ mailen

Wenn du Einwände hast, dann mehl sie an mich.

Jugendliche entwickeln mit großer Energie Wortspiele, die auf dem Gleichklang von zwei Ausdrücken mit völlig unterschiedlicher Bedeutung basieren. Da das englische Wort *mail* (= elektronische Nachricht, elektronische Post) genauso klingt wie „Mehl", wird manchmal statt „mailen" auch „mehlen" geschrieben. Ein „E-Mail" wird zu ▷ „i-Mehl" verfremdet.

Mettler

■ Metaller, Anhänger der Heavy-Metal-Musik

I woas, ihr werts mi verachten dafür, oba i hör ma Metallica sicher an. I gfrei mi sogor schau auf de. Und i glaub a net, dass do so wilde ▷ Hardcore-Mettler do sein werdn. De san jo a scho olle voi alt, de Ur-Metallica-Fans, und haum a Frau und derfn goa nimma fortgeh, weils untam Schlapfn stengan.

Die Anhänger der Heavy-Metal-Musik werden vereinzelt auch „Mettler" genannt (▷ „Headbanger").

Mongo

■ Gestörter, Narr, unfähiger Typ

Wennst des ned verstehst, bist selber schuld, du Mongo, des versteht jeder Behinderte!!!

Servus, du glans Mongo!! I hob gestan a bissl im Internet gesurft und a weng fernsehen do!! Hob heit scho wida sturmfrei!! Was machst du eigentlich heit nu??

„Mongolismus" ist eine frühere Bezeichnung für eine Krankheit, die heute „Down-Syndrom" oder „Trisomie 21" genannt wird. Dabei handelt es sich um eine kognitive Behinderung auf der Grundlage einer Genom-Mutation, die durch die „Trisomie" (= Verdreifachung) eines 21. Chromosoms oder durch die Trisomie von Teilen

eines 21. Chromosoms ausgelöst wird. Der englische Arzt John Langdon Haydon Langdon-Down (1828–1896) hat 1866 zum ersten Mal unter wissenschaftlichen Gesichtspunkten dieses Syndrom beschrieben und nannte es „Mongolismus". Menschen mit Down-Syndrom wurden aufgrund ihrer rundlichen Gesichtsform und der mandelförmigen Augen mit „Mongolen" verglichen.
Die Bezeichnung „Mongolismus" und ihre Ableitungen werden heutzutage jedoch als diskriminierend angesehen und deshalb auch in Fachkreisen nicht mehr verwendet.
Ein zentraler Grund hierfür ist die Rücksichtnahme auf die in der Mongolei lebenden Menschen: Ein 1965 von der Mongolei an die WHO gerichteter Antrag, den Begriff Mongolismus aufgrund seiner negativen, rassistischen Besetzung nicht mehr zu benützen, wurde einstimmig angenommen.
Da der Begriff „Mongolismus" in der Medizin heute kaum noch verwendet wird, gerät auch die Bedeutung der abgekürzten Form „Mongo" immer mehr in Vergessenheit. Heute wird „Mongo" in der Jugendsprache nur noch als mildes Schimpfwort für begriffsstützige oder verwirrte Menschen gebraucht. Im ersten Mustersatz wird „das versteht jeder Behinderte" nachgeschickt, um einen schärferen Tonfall anzuschlagen. Dass das Wort auch scherzhaft und liebevoll unter Freunden verwendet werden kann, zeigt der zweite Mustersatz.

mongo
■ gestört

Du bist so mongo, du hast keine Ahnung und du lebst sicher am Mars!! Du Trottel!!

Das Eigenschaftswort zu „der Mongo" heißt „mongo" und bedeutet „gestört".

Mop(p)ed
■ Motorrad

Leider gibts hier neuerdings bei meinem Motorrad Probleme: Nach einem kräftigen Regenschauer schaltet sich der Tempomat selbsttätig ein. Dies kann innerhalb von Ortschaften recht kritisch sein, wenn man in einer Fahrzeugkolonne fährt. Auf einmal gibt das Moped von selber Gas ...

Am 24. 2. stellten wir fest, dass sich die Batterie des Motorrades komplett entleert hatte. Wie vielleicht viele andere Neulinge haben wir unser Moped nicht eingewintert, da wir die Hoffnung hatten, zumindest eine kleine Tour über den Winter zu machen.

Ab einem bestimmten Alter (ca. 22 oder 23 Jahre) sagen Jugendliche zu ihrem Motorrad in einer Form von Understatement „Moped". Oder anders ausgedrückt:

„Moped" ist eine liebevolle Verkleinerungsform zu „Motorrad". Vor allem in Deutschland wird der Ausdruck in diesem Fall auch „Mopped" geschrieben – damit es doch noch einen kleinen Unterschied zu „Moped" gibt.

Mopettn

■ Moped, Motorrad

Die Mopettn hat was zsammgwackelt, das war a Irrsinn.

I mächt mit da Mopettn übert Kaiserau foarn!

Aus dem Wort „Moped" wird in der Jugendsprache „Mopettn". Jugendliche sagen zu ihrem Motorrad oft auch ▷ „Mop(p)ed", deshalb wird „Mopettn" hin und wieder auch mit der Bedeutung „Motorrad" verwendet.

mörder(-)

■ sehr (verstärkend zu einem Eigenschaftswort)

Freu mich ur, dass der Schneefall doch noch eingesetzt hat. Ich schau grad aus dem Bürofenster raus, und es schaut mördergeil aus, einfach saugeil ...

■ großartig, toll

Das Bike schaut mörder aus, aber wenn ich auf den Preiszettl schau, muss ich mich wahrscheinlich weiterhin mit meinem gut gepflegten „Alteisen" begnügen!

Ein „Mörderhas(e)" ist eine „ungewöhnlich attraktive Frau", ein „Mörderhammer" ein „besonders scharfer Schuss" (zB im Fußball) – das alles sind seit langem gebräuchliche Ausdrücke der Mundart.
Dass man mit „mörder-" nicht nur Hauptwörter verstärken kann, sondern auch Eigenschaftswörter, führt uns die Jugendsprache vor: „mördergeil" (= ganz großartig). Außerdem wird „mörder" von Jugendlichen sogar adverbiell zu einem Zeitwort gestellt: „Diese Frau schaut mörder aus" (= diese Frau schaut ganz toll aus).

Morgähn

■ Morgen (kombiniert mit „gähn")

Hallo & guten Morgähn!

Die Wörter „Morgen" (als Kurzform von „guten Morgen") und „gähn" werden zu „Morgähn" kombiniert. Damit wird auf witzige Weise das Gähnen mit der morgendlichen Grußformel verknüpft.

muahaha

■ Ausdruck des vernichtenden Auslachens

MUAHA HAHAH HAHAH AHAHA HAAHHAHAHA DAS FOTO MUAHA HAHAH AHAHA HAHAH AHAHAHAHAHA HHAHA HAHAH AHAHHA MUHAHAHA NIAHAHAH WAHAHAHAHHAHAHAHA ...

Hier handelt es sich um die schlimmste Demütigung, die ein Webuser seinem Gegenüber antun kann. Die meisten Besucher von Foren, Nickpages und Spieleplattformen gehen daher mit dem „Muahaha" verantwortungsbewusst um und wenden es nur an, wenn es wirklich gerechtfertigt ist. Manche lehnen es als „seelische Grausamkeit" grundsätzlich ab. Man findet „muahaha" in vielen Variationen: alles in Großbuchstaben, was besonders brutal aussieht, oder mit zahllosen angehängten „Ha"s.

n

nachgoogeln

■ im Web nachrecherchieren

Die ethnische Verteilung in der Region kannst auch nachgoogeln ... Das kann jeder nachgoogeln.

Eine Erweiterung zu „googeln" ist „nachgoogeln" (= nachrecherchieren). Wenn jemand behauptet, eine bestimmte Information aus dem Web herausgeholt zu haben, kann man über Suchmaschinen überprüfen, ob das stimmt

Nackerte

■ unverkleidete Straßenmaschine

Eine 900er Nackerte ist nie im Leben (nicht einmal wenns frisiert ist) einer 1300/1200/1100 Nackerten gleichzusetzen. Sogar 100 ccm zusätzlich merkst deutlich bei den Nackerten, 400 ccm mehr is ja fast ein ganzes Motorradl zusätzlich ...

Als „Nackerte" bezeichnet man in der österreichischen Bikersprache eine unverkleidete Straßenmaschine – im Gegensatz zu einem ▷ „Joghurtbecher", der eine Vollverkleidung aufweist. Es handelt sich um eine Lehnübersetzung aus dem Englischen: *naked bike.* Fast jedes Motorrad bis weit in die 80er Jahre war nackt. Der Begriff „Naked Bike" wird seit 1982 von den Herstellern propagiert.
Die Wortbildungen mit „-erte" sind typisch für Österreich und Bayern.

nema problema

■ passt schon

Na, lass nur, des find i schon ... nema problema.

„Kein Problem" (sinngemäß so viel wie „passt schon") heißt auf Kroatisch *nema problema*; die Phrase tritt im Osten Österreichs in der Jugendsprache manchmal an die Stelle des pseudoitalienischen *nullo problemo.* „Nema Problema" ist auch der Titel des zweiten Albums der burgenländisch-kroatischen Rockband „Bruji" (1983). Darauf sind neben Schlagern im Stil der „Neuen Deutschen Welle" kroatische Volkslieder im Gewand der Rockmusik zu hören.

„Ka Problem, sog i, Mause, nema problema, ka Problem" lautet der Refrain eines Liedes von Sigi Maron auf dem Album „Unterm Regenbogen" (1985).
Das Wort „Problem" ist über das Lateinische *problema* aus dem Griechischen entlehnt; dort bedeutet *problema* eigentlich „das Vorgelegte". Die Wendung „nema problema" ist früher nur im Burgenland gebräuchlich gewesen, jetzt breitet sie sich weiter aus – auch deshalb, weil Kroatien heute ein beliebtes Urlaubsziel ist.

nervig

■ lästig sein, auf die Nerven gehen, die Nerven strapazieren

Olle ▷ *Festln san so laut … Es is scho voi nervig!!*

Sie is voi liab, aber manchmal a nervig.

Allmählich wird das mega nervig, wenn jemand dauernd labert.

Das Wort „nervig" bedeutet im allgemeinen Sprachgebrauch so viel wie „den Eindruck angespannter Kraft vermittelnd". Ein Beispielsatz könnte lauten: „Ihre nervigen Hände streichen über das Leinen!" In der Jugendsprache bedeutet „es ist nervig" so viel wie „es nervt" (= es ist lästig, geht auf die Nerven, strapaziert die Nerven).

Nickname, Nick

■ Spitzname

WAHNSINNs-Nickname, wosd da wieder einfallen lossn host! I glaub, i loch scho seit 10 Minuten drüber!

Ein Nickname ist am Anfang nur ein Spitzname, kann aber später in Webforen oder auf Spieleplattformen zu einem Erkennungs- und sogar Markenzeichen werden. Je mehr man spielt – besonders online – oder postet, desto bekannter wird ein Nick. Er kann in manchen Fällen einen Rufnamen ersetzen.

Nickpage ▷ **NP**

niederknuddeln

■ mit Umarmungen, Küssen etc. erdrücken

Den Martin und den Jakob hab ich auch schon gesehen! Ist ca. eine Woche jetzt her, aber ich hab sie voll niedergeknuddelt … DUUUU wirst auch richtig niedergeknuddelt, wenn ma uns wieder sehn. Zieh lieber so an Schutzanzug an …

Ich bins wieder mal, deine dich liebende Schwester. Ich hoff, dass klappt im Sommer, weil ich will dich echt wieder mal sehn, und dann wirst niedergeknuddelt …

Das Zeitwort ▷ „knuddeln" bedeutet „umarmen, drücken, küssen", die Vorsilbe „nieder-" dient der Verstärkung. Zur Intensivierung sagt man in der Jugendsprache auch „zu Boden knuddeln".

Noob (gesprochen: *nuhb*), **Newb** (gesprochen: *njuhb*)
■ Neuling, Unwissender

Weiß ned viel und kann ned viel ... bin einfach ein Noob.

Wenn dann jemand einem Noob sagt, er kann sich ruhig alles reinhaun, scheiß aufs Risiko etc., dann is das einfach ned okay.

„Noob" (auch „Newb") ist im ▷ „Leetspeak" die verkürzte Form für „Newbie", also „Neuling", „Unwissender". Wenn sich „Leetspeaker" über einen neuen User ärgern, schreiben sie die beiden „o"s in Großbuchstaben: „nOOb" – das gilt als eine Beleidigung, weil Großbuchstaben unter „Leetspeakern" verpönt sind (manchmal wird statt O die Zahl Null verwendet: „n00b"). Das Wort kann auch in umgekehrter Reihenfolge geschrieben werden: „boon", „bOOn" oder „b00n".
„Newbie" ist weniger bösartig, hat manchmal sogar einen liebevollen Klang.

notgeil
■ sexuell ausgehungert

So war mein Chemielehrer, die notgeile Sau. Er glotzt ihr voll in 'en Ausschnitt ... nickt dabei immer schön und sagt „Toll!" Hat gute Note bekommen. Die mit den geilsten Titten bekamen beste Noten, aber nur wenn sie viel zeigten.

Mit dem Eigenschaftswort „notgeil" beschreibt man Menschen, die sexuell ausgehungert sind und einen besonders starken Drang nach Sex haben, egal in welcher Situation und egal mit wem. Das dazugehörende Hauptwort heißt „Notgeilheit".

NP
■ Nickpage

Hey Sara! Geh mal auf meine NP! Ich hab da das Foto von uns aus der American Sports Bar! Sieht toll aus!

Das englische Wort *page* (= Seite) ist in der Internetsprache eine Kurzform für „Homepage", es kann aber auch eine einzelne Seite im Internet damit gemeint sein. Eine „Nickpage" ist eine kleine Homepage bei einem Provider, die unter einem ▷ „Nickname" erreichbar ist. Außerdem ist „np" eine Abkürzung für das englische *no problem*; sie wird aber im deutschen Sprachraum selten verwendet.

Nudlaug

■ scherzhafte Formel unter Freunden

Dani, des klane Nudlaug, is voi witzig!!! Mit ihr kon ma jeden Scheiß mochn!

■ Scherzbold, Dummkopf

He, du Nudelaug! Wos soi denn des mit dix Bussi aufs Oaschi??

■ Brillenträger, Blinder, Intellektueller

A Nudlaug ist jemand, der nix sieht.

■ Penis, Eichel; eigentlich: Ausgang der Harnröhre an der Eichel

Gibts doch den alten Witz, wo sich 2 Freunde unterhalten und einer sagt: „Ich liebe sie nur mit den Augen!" Worauf der andere sagt: „Musst aber ein ordentliches Nudlaug haben!"

„Nudlaug" war ursprünglich eine mundartliche Bezeichnung für die Öffnung der Harnröhre an der Eichel (lat. *ostium urethrae externum* und nicht *penis ocularis*, wie man manchmal lesen kann). Gleichzeitig hat der Ausdruck als ein derbes Schimpfwort im Sinn von „Du Peniskopf!" gedient. Die ursprüngliche Bedeutung ist aber immer mehr in Vergessenheit geraten, so dass „Nudlaug" heute in der Jugendsprache meist als mildes Schimpfwort im Sinn von „Scherzbold", „Dummkopf" oder als scherzhafte Anrede unter Freunden verwendet wird, sogar unter Mädchen.
In Ernst Hinterbergers Fernsehserie „Ein echter Wiener geht nicht unter" (1975–1979) war dieser Ausdruck zigmal aus dem Mund von Edmund „Mundl" Sackbauer (Karl Merkatz) zu hören. Der Spruch ist meist auf den „Franzi" (Alexander Wächter) gemünzt, der „Brillenträger" und in gewisser Weise ein „Intellektueller" ist (er schreibt Hörspiele fürs Radio). Auch Hinterberger verwendet den Ausdruck – wie aus dem Minibuch „Mundlsprüche" (1996) hervorgeht – nur noch als Schimpfwort für „Brillenträger". Das Wort sei deshalb entstanden, weil man manchmal den Eindruck habe, dass die Augen von Brillenträgern durch das vergrößernde Glas wie „Nudeln" (= Penisse) aus dem Kopf herausragen – ein gutes Beispiel für eine Volksetymologie: klingt plausibel, ist populär, stimmt aber nicht! Die Erklärung scheint sich heute bereits so weit verfestigt zu haben, dass manche unter „Nudlaug" nur noch einen scherzhaften Ausdruck für „Brillenträger" oder „Intellektueller" verstehen, wie eine Umfrage im Internet gezeigt hat. Die ursprüngliche Bedeutung wird lediglich von einer Minderheit wahrgenommen.

Nullchecker ▷ **Checker**

O

ober-, oba-

■ über drüber, besonders

Da hats auch so ne Oba-Schickimicki-Tussi gebn, die skaten lernen wollt ... Hat auch an Pro als Coach gekriegt ... (soweit ich mich erinnern kann?!) Ich habs voll toll gfundn, wie sich ihre Einstellung geändert hat ... Wie sie am Ende dazu gstandn is, dass sie skaten lernen will und es auch tut – im Gegensatz zu ihren Freundinnen.

„Ober-" dient zur Verstärkung eines Hauptwortes oder eines Eigenschaftswortes. Eine „Ober-Tussi" ist also noch ärger als eine ▷ „Tussi". Vor einigen Jahren hat der Ausdruck „oberaffengeil" (= besonders geil) Hochkonjunktur gehabt – heute wird er nur noch selten verwendet.

Ofen

■ Motorrad

Nicht nur KTM verschleudert z. Z. seine Öfen. Genau genommen zerstören die Aktionspreise den Gebrauchtmarkt. Da sollten die Hersteller lieber gleich den Listenpreis runtersetzen.

■ Joint

Okay, jetzt bau ich mir 2 Öfen.

Ich kenn Leut, die wegen 1 Ofen von Zivilkiwaran aufgemacht worden sind. Nix passiert, oba nervig wars halt.

Puschel, ich nehme dich nur unter der Bedingung nach Amsterdam mit, wenn du sämtliche Ofen zampickst ...

Der Ausdruck „Ofen" für „Motorrad" ist eine Wortbildung analog zu „heißes Eisen". Der Ausdruck „Ofen" für „Joint" geht auf das Zeitwort ▷ „heizen" zurück. Das Wort „Ofen" existiert seit dem frühen Mittelalter und hat ursprünglich eine Art „Backofen" bezeichnet, dann einen „Badeofen".

Ohrwaschlkaktus

■ Mann mit abstehenden Ohren, eigentlich: Ohrenkaktus

Prinz Charles ist das Muster von an Ohrwaschlkaktus.

In botanischer Hinsicht handelt es sich beim Ohrenkaktus um einen Kaktus mit der lateinischen Bezeichnung *opuntia ficus indica*. Die leicht stacheligen Früchte des Ohrenkaktus nennt man „Kaktusfeigen"; wenn sie an den „richtigen" Stellen wachsen, sieht das aus wie Ohren. „Ohrwaschel" ist ein typischer Ausdruck des österreichischen Deutsch für „Ohrmuschel". Das Wort ist verwandt mit „wacheln". Ohren werden auch als „Wachler" bezeichnet. „Ohrwaschelkaktus" wird von Jung und Alt verwendet; zurzeit gehört es auch zum „Sprachinventar" von Ö3-Moderatoren.

Oida, Olta ▷ Euda

Oldies

■ Eltern

Im Nachhinein betrachtet waren meine Oldies tapfer, und ich bin froh, dass sie mich nicht an eine Wand geklatscht haben.

„Oldies" ist neben ▷ „Ellies" ein weiterer Ausdruck für „Eltern". Schüler sagen eher „Ellies", Jugendliche eher „Oldies". Im allgemeinen Sprachgebrauch ist „Oldie" ein „Schlager früherer Zeiten".

ONS, das oder der

■ One-Night-Stand

Lust auf ein ONS?

In Clubs? Im Job? An der Uni? Hat sich bei einem von euch schon mal aus einer Club / Disco-Bekanntschaft mehr entwickelt als ein ONS?

Es ist schon etwas länger her, da hatte ich einen ONS in meiner Wohnung. Ich mache sonst keine ONS, aber dieser Mann war genau in dem richtigen Moment hier ...

Der englische Ausdruck *one-night stand* wird zu „ONS" abgekürzt. Das grammatikalische Geschlecht ist entweder sächlich (das ONS, ein ONS haben) oder männlich (der ONS, einen ONS haben). In Österreich ist die sächliche Form häufiger, in Deutschland die männliche.

pasten (gesprochen: *peistn*)

■ einfügen, hineinkopieren

Ui danke, muss aber zu meiner Verteidigung vorbringen, dass ich den Satz irgendwo gecopyt und dann gepastet hab.

Glückwunsch, dass du Trzesniewski richtig geschrieben hast! Hätte ich nicht zusammengebracht ... Oder hast es gepastet?

Das Zeitwort „pasten" ist eine Entlehnung aus der englischen Computersprache; *to paste* (= hineinkleben) ist das Gegenstück zum deutschen Begriff „einfügen", doch klingt „pasten" anschaulicher und ist deshalb so beliebt. Anstelle von „einfügen" könnte man auch „hineinkopieren" sagen, doch ist der Begriff „kopieren" bereits für einen anderen Vorgang vergeben (eigentlich: in den Zwischenspeicher legen).
Das Wort *to paste* ist verwandt mit unserer „Pasta", in diesem Fall „Klebepasta". Nach der Entlehnung ist das Zeitwort den Regeln der deutschen Sprache angepasst worden. Es heißt nun „pasten", „ich paste", „er pastet", „ich habe gepastet" ...
Außerdem versteht man unter „Pasting" das Zusammensetzen von verschiedenen Einzelteilen (Fotos, Grafiken etc.) zu einer Gesamtillustration. Dafür werden heute im professionellen Grafikgewerbe spezialisierte Layoutprogramme verwendet; früher ist mit Schere und Klebstoff gearbeitet worden.

pecken

■ tätowieren

Ich streit gerade mit meinen Eltern, weil ich mich pecken lassen will, aber sie sich voll aufregen.

■ sticheln

Territoriale Nachbarsticheleien sind normal, die Steirer pecken gegen die Kärntner, und innerhalb der Bundesländer pecken Leute halt gegen die anderen Vierteln oder gegen Nachbarorte.

■ reizen

Das Zeitwort „pecken" ist eine österreichische Nebenform zu „mit dem Schnabel picken". Die Bedeutung „zahlen" ist bereits in den 1920er Jahren als Wiener Dialektausdruck belegt; dabei wird die Handbewegung beim Auszahlen von Münzen symbolisiert. Die Bedeutung „tätowieren" ist in der Jugendsprache heute recht populär (▷ „Peckerl").
Daneben heißt „pecken" auch „sticheln" (= boshafte Bemerkungen machen, boshafte Witze erzählen). Die Wendung „es würde mich pecken" bedeutet so viel wie „es würde mich reizen".
„Pecken" ist ein typisch österreichischer Ausdruck, der in Deutschland kaum verwendet wird. Wenn man mit der Suchmaschine Google nach Textbeispielen für „ich lass mich pecken" sucht und die Wörter „pecken" und „lass" eingibt, erscheint folgende Frage: „Meinten Sie: Lass mich lecken?"

Pecker, der

■ Tätowierer

Der Termin beim Pecker hat mir vermutlich das Leben gerettet, weil am gleichen Tag der Unfall in Kaprun war. 4 meiner Freunde waren dort (Snowboard-Event), und einer davon war in der Unfallgondel, während die anderen 3 noch auf dem Parkplatz eine geraucht haben ... Ich bin wegen dem Tattootermin ned mitgefahren und wäre vermutlich mit in der Standseilbahn gewesen.

■ Penis, Schwanz

Cyber Pecker, Natur-Dildo mit Saug-/Standfuß. ... Auf sicherem Saug-/Standfuß. Herrlich steif und dennoch biegsam macht ER jede noch so ausgefallene Stellung mit. (Werbetext)

Im wörtlichen Sinn ist „Pecker" der Schnabelhieb eines Vogels. Ein „Pecker" in der Karosserie eines Autos, in einem Apfel etc. ist eine „kleine Delle". Ob man „einen Vogel", „einen Klopfer" oder „einen Pecker" hat, das macht keinen großen Unterschied.
Da das Zeitwort „pecken" so viel wie „tätowieren" bedeutet, ist ein „Pecker" auch ein „Tätowierer". Die Redewendung „sich voll saufen bis an den Pecker" bedeutet „bis an den Anschlag / bis zum Gehtnichtmehr saufen". „Keinen Pecker machen" bedeutet „keinen Erfolg haben".
Außerdem bedeutet „Pecker" so viel wie „Penis" – ein Ausdruck, der aus dem Englischen stammt. In den USA wird unter der Bezeichnung „Captain Pecker" ein zwei Meter großer und aufblasbarer Penis als Partygag verkauft. Außerdem gibt es *pecker drink bottles* (penisförmige Trinkflaschen), *pecker straws* (Strohhalme mit penisförmigem Kopf) etc.

Peckerl, das

■ Tattoo

Der Wunsch nach einem Tattoo kam bei mir schon relativ früh auf. Damals war meine Einstellung: Egal was, Hauptsache endlich ein Peckal!

„Peckerl" (auch: „Peckal") ist vom Zeitwort „pecken" abgeleitet – mit der für Österreich typischen Verkleinerungsform auf „-erl". Der Ausdruck ist von der Gaunersprache in die Jugendsprache gewandert.

peilen

■ verstehen, begreifen

Den Spruch peil ich net ganz ... Kannstn au erklären?

Das Zeitwort „peilen" ist in Deutschland entstanden und breitet sich zurzeit auch in Österreich aus. Die Redewendung „von nichts einen Peil haben" bedeutet „von nichts eine Ahnung haben", oft in der Form „Keinen Peil!" oder „Null Peil!" zu hören.

Der Ausdruck geht auf *pegelen* zurück – darunter hat man im Mittelalter „die Wassertiefe messen" verstanden. „Pegel" war ursprünglich eine Messlatte, ein Messgerät zur Feststellung des Wasserstands (vgl. „Pegelstand"). Später ist dann die Funkpeilung erfunden worden. Aus der übertragenen Bedeutung „seinen Blick irgendwohin richten" hat sich in letzter Zeit im Norden Deutschlands die Bedeutung „verstehen, begreifen" entwickelt.

phät ▷ fett

piefkeln

■ wie ein Piefke (= Norddeutscher) reden

Viel schlimmer ist doch, wenn die Kinder piefkeln!

Hab mir den Film vor zwei Wochen mit einem Haberer im Kosmos angeschaut, war aber nicht so begeistert. Besonders dieses ewige Piefkeln hat mich gestört, obwohl die Schauspielerinnen offenbar alle Wienerinnen waren.

Als „Piefke" bezeichnet man in Österreich leicht abwertend einen Norddeutschen oder einen Preußen. „Piefke" ist ein ostdeutscher Familienname, seit 1850 auch der Name einer Berliner Witzfigur. Außerdem wird auch immer wieder ein Zusammenhang mit den beiden Militärmusikern Gottfried Piefke (1817–1884) und Rudolf Piefke (1835–1900) hergestellt. Die beiden Brüder sollen am 31. Juli und 1. August 1866, am Ende des preußisch-österreichischen Krieges, an einer großen Militärparade in Schönkirchen bei Gänserndorf teilgenommen haben. Nach der Niederlage Österreichs bei Königgrätz hat Wilhelm I. in unmittelbarer Nähe von Wien mit 50.000 Mann und 11 Musikkapellen eine gewaltige Heerschau inszeniert. „Die Piefke kommen!" war angeblich damals erstmalig der Kommentar der Wiener. Aus dem Hauptwort „Piefke" hat sich vor kurzem das Zeitwort „piefkeln" entwickelt: „wie ein Norddeutscher reden". Das Wort „piefkeln" ist zurzeit weder im Österreichischen Wörterbuch, noch im Rechtschreib-Duden zu finden.

plenken

■ falsches Leerzeichen vor Punkt, Beistrich, Rufzeichen etc. setzen

Übermäßiger Gebrauch von Rufzeichen, die auch noch geplenkt werden, sind ein deutlich sichtbares Zeichen von Argumentationsschwäche.

Wird zwischen dem letzten Buchstaben eines Wortes und einem unmittelbar darauf folgenden Satzzeichen ein Leerzeichen oder ein Tabulator gesetzt, so bezeichnet man das als „plenken". Das dazugehörende Hauptwort ist „Plenks" (= falsches Leerzeichen). Plenks können bei automatischem Zeilenumbruch zu unschönen Effekten führen, wie folgendes Beispiel zeigt:

Hier kommt der Text. Ich denke
, ich plenke ! Du denkst , du plenkst !

Nur in wenigen Fällen sind Leerzeichen vor Satzzeichen im Deutschen vorgeschrieben, und zwar bei einem Gedankenstrich und vor Auslassungspunkten (wenn diese für mindestens ein ganzes Wort stehen).
Das Wort „plenken" stammt aus dem Englischen. Dort heißt *blank* so viel wie Leerzeichen. Oft geht „plenken" Hand in Hand mit ⊳ „prellen". Das Gegenstück von „plenken", also das Weglassen von Leerzeichen im Anschluss an ein Satzzeichen, nennt man ⊳ „klempen".
Im Gegensatz zum Deutschen und zum Englischen ist im Französischen die Verwendung eines Leerzeichens vor Fragezeichen, Rufzeichen, Doppelpunkt und Strichpunkt im Schriftsatz vorgeschrieben. Außerdem steht hier nach öffnenden («) und vor schließenden (») Anführungszeichen (*guillemets*) ein Leerzeichen. Diese Regel gilt auch bei Kombinationen von Satzzeichen: « Quoi ? » Um einen ungewollten Zeilenumbruch zu verhindern, wird dabei ein geschütztes Leerzeichen verwendet. Ist die Verwendung eines geschützten Leerzeichens nicht möglich, so kann auf das Leerzeichen verzichtet werden.

poppen

■ Sex haben, miteinander schlafen

Ich sag nur Pringles-Chips (einmal gepoppt ... haha), also ich freu mich ...

Seh ich dich, dreh ich durch! / Ich will dich lecken, will dich poppen, / kann meine Lust nicht mehr stoppen. / Oh nein, jetzt bist du leer! / In der Dose sind keine Pringles mehr.

Der Ausdruck „poppen" stammt aus Deutschland und bedeutet dort: „Sex haben", „miteinander schlafen" und geht vermutlich auf den norddeutschen Mundartausdruck „poppern" (= sich schnell hin und her bewegen) zurück. Außerdem gibt es ein gleich lautendes Zeitwort mit der Bedeutung „hervorragend, effektvoll, beeindruckend sein". Es ist vermutlich mit „poppig" verwandt.

Pringles-Sujet mit „Einmal gepoppt ..."

Ursprünglich hat man „poppen" im Sinn von „vögeln" nur im Norden Deutschlands und in jenem Gebiet verwendet, das wir heute die neuen Bundesländer nennen. Doch dann kreierte der Procter & Gamble-Konzern für seine Pringles-Chips den Slogan „Einmal gepoppt, nie mehr gestoppt". Das Wort „poppen" erinnert in diesem Fall an „Pop-Corn" – Maiskörner, die beim Rösten in der Pfanne mit einem Knall aufspringen (das englische *to pop* bedeutet so viel wie „knallen, (auf-)platzen"). Gleichzeitig kommt zum Ausdruck, dass man unter „poppen" auch „geräuschvoll Pringles-Chips essen" verstehen könnte. (Wer an etwas anderes denkt, ist selber schuld.)
Der Slogan hat dazu beigetragen, dass „poppen" inzwischen im gesamten deutschen Sprachraum als Synonym für „vögeln" gebraucht wird. Inzwischen gibt es von Pringles auch Leiberln mit der Aufschrift „Poppen wie eine Königin" bzw. „Poppen wie ein König". Nicht zuletzt wird das Wort „poppen" auch von VIVA- und MTV-Moderatoren gern verwendet. Ein Pro 7-Fernsehfilm trug den Titel „Popp dich schlank!"

powdern

■ im Pulverschnee, Tiefschnee fahren

Wer kennt Skigebiete in Österreich, wo man gescheit powdern kann?

Ok, durch einen Wald zu cruisen ist geil, im Sonnenuntergang powdern ist auch geil! Doch wenn man immer nur im Tiefschnee cruist, so wie ich, dann wirds langsam schon irgendwie normal! Ein bisschen Abwechslung gehört einfach dazu!

In der Sprache der Snowboarder wird zu englisch *powder* (= Pulverschnee, Tiefschnee) das eingedeutschte Zeitwort „powdern" gebildet.

prellen

■ mehrfache Ruf- oder Fragezeichen setzen

Falls jmd. der Anwesenden etwas dagegen hat, möge er bitte JETZT sprechen oder für IMMER schweigen!!!111einself

Wer am Ende eines Satzes mehrere Ruf- oder Fragezeichen setzt, der „prellt", er wird auch „Tastenpreller" genannt. Oft werden am Ende mehrerer Rufzeichen versehentlich einzelne Einser angehängt, weil der Nutzer die Shifttaste vor der Einsertaste loslässt und sich nicht die Mühe macht, den Fehler zu korrigieren. Dadurch entstehen Ausdrücke, wie:

Das ist phät!!!!!!!11

Dieses Verhalten wird inzwischen zunehmend aufgegriffen und dadurch persifliert, dass man ebenfalls prellt, aber „einself" anhängt:

Hallo!!!!!111einself

Das Übersetzen der Einserziffern in Zahlworte betont dabei einserseits die bewusste Nachahmung als auch die Absurdität dieser Ausdrucksform. Verpönt ist es auch, vor oder zwischen den Ruf- bzw. Fragezeichen Leerzeichen zu setzen (▷ „plenken").

Proggi

■ Computerprogramm

Sers, Alex, hey lod da moi auf www.icq.com des ICQ-Proggi oba ...

Der Ausdruck „Programm" im Sinn von Computerprogramm wird meist zu „Proggi" verkürzt.

Prolo

■ ungebildeter, ungehobelter Mensch, jemand, der keinen Geschmack hat

BMW is peinlich, besonders die Prolos, die mit aufgemotzten BMWs alte, klapprige 2er Golfs zamschneiden ...

Marco-Polo-Tasche? Prolo-Tasche würd besser passen. Laufn ja nur so Pseudo-Schickimicki-Tussis damit rum, die keinen Geschmack haben ... Ich lauf nicht mit was rum, nur weils „in" is.

Und Geld, auch viel Geld, macht aus einem Prolo schließlich noch keinen Menschen ... Sondern einen reichen Prolo.

Als „Proletarier" hat man ursprünglich einen „besitzlosen Lohnarbeiter" bezeichnet, entlehnt aus dem Lateinischen: *proletarius* (= Bürger der untersten Klasse); dieses Wort kommt von *proles* (= Nachkomme), weil ein *proletarius* dem Staat nicht durch seinen Besitz diente, sondern nur mit seiner Nachkommenschaft. Später hat der Ausdruck auch die Bedeutung „ungebildeter, ungehobelter Mensch" erhalten.
In der Jugendsprache bekommt das Wort die beliebte o-Endung und wird hauptsächlich dazu verwendet, um Käufer oder Träger jener Marken zu desavouieren, die innerhalb einer Gruppe einen geringen Prestigewert haben. In Zusammensetzungen dient das Wort auch zur Abwertung dieser Produkte – so zB im Ausdruck „Proloreibm" („Reibe" oder „Reiben" = abwertend für Auto, Motorrad, Fahrrad). Der Ausdruck „Prolo" wird auch für jene Menschen verwendet, die den Eindruck erwecken wollen, dass sie etwas Besseres als die anderen sind.

prolo

■ ungebildet, stillos

Die Vespas taugen mir auch voll, viel besser als die aufgemotzten Mopeds oder Kleinbocks. Ich weiß, das was ich jetzt sage, ist hirnrissig, aber mir kommen die Vespa-Fahrer immer intelligenter und überhaupt von der Art her ▷ leiwander vor als die Mopedgangs, die sind für mich leicht prolo.

Vom Hauptwort „Prolo" ist ein gleich lautendes Eigenschaftswort abgeleitet worden.

Proloschlauch

■ U-Bahn, Straßenbahn

Benziner vermitteln mehr Fahrspaß! Diesel ist günstiger! Mir egal, Hauptsache es fährt! Ich fahr sowieso mit dem Proloschlauch!

Den Nachmittag haben wir klassisch im Park ausklingen lassen ... Jaja, und wieder in den Proloschlauch und back in se fucking town.

Der Ausdruck „Proloschlauch" ist weniger abwertend, als es zunächst aussehen mag. Sogar die regelmäßigen Benützer der „Öffis" verwenden ihn manchmal.

Prolotoaster

■ Solarium

Mich turnt nur diese Prolotoaster-Bräune auf den Misswahl-Fotos ab.

War gestern etwas krank, doch durch den Prolotoaster bin ich wieder gesund.

Der Ausdruck wird einerseits leicht abwertend gebraucht, andererseits verwenden ihn sogar Solariumbesucher, denen die Selbstironie noch nicht abhanden gekommen ist.

Pups

■ abgehende Blähung

Liegt bei den Männern ein Pups quer, schrein s' schon nach der letzten Ölung.

Dass die auf jeden geistigen Pups gleich ein Patent anmelden müssen?

Doch irgendwann hat sie dann einen Witz gemacht, über den ich tierisch lachen musste – und dabei ist mir ein fieser Pups entwichen ...

Das Wort ist lautmalend. „Pup", „Pups" oder „Pupser" ist ein in Deutschland seit dem 18. Jahrhundert gebräuchlicher Ausdruck für „abgehende Blähung". Das dazugehörende Zeitwort heißt „pupen" oder „pupsen" (= eine Blähung abgehen lassen) und klingt lustiger als das heimische „pforzen" oder „einen Buh lassen". Mundartlich ist auch „Schas" ein gängiges Wort (nicht im Westen Österreichs).

r

raffen

■ begreifen, verstehen, erfassen

Dass es immer noch Leute vom Mond gibt, die das nicht gerafft haben, mag sein, aber alles in allem is man kein Aussätziger mehr mit einem Tattoo.

Das Zeitwort „raffen" geht auf einen Ausdruck des Mittelalters zurück, der „zupfen, rupfen, raufen, an sich reißen" bedeutet hat. Die heutigen Bedeutungen sind „raffgierig in Besitz nehmen" (zB „Sie hat die Äpfel in ihre Schürze gerafft"), „Stoff an einer bestimmten Stelle so zusammenhalten, dass er in Falten fällt" (zB „geraffte Vorhänge") und „gekürzt, aber in wesentlichen Punkten wiedergeben" (zB „eine geraffte Wiedergabe der Diskussion").
In der Jugendsprache heißt „raffen" heute fast immer nur „begreifen, verstehen, erfassen" – im Grunde genommen nichts Neues, denn diese Verwendung findet sich bereits im achtbändigen Duden, der Anfang der 1990er Jahre erschienen ist; sie wird mit einem Beleg aus dem Jahr 1980 dokumentiert. Heute ist jedenfalls „Ich habs geschnallt" out, „Ich habs gerafft" ist in, genauso wie „Ich habs gepeilt". Ein Dauerbrenner in Österreich ist das in den Mundarten weit verbreitete „gneißen": „Ich habs gegneißt".

Ratz

■ kunstvoll vergammeltes Motorrad oder dessen Besitzer

Meine entwickelt sich zwar immer mehr zu einem Ratz, aber sie rennt.

Hi Ratz, danke für deinen Bericht.

Ein Motorrad, das absichtlich und kunstvoll in einen vergammelten Zustand versetzt wird, heißt Rat-Bike. Es wird Wert darauf gelegt, dass einige Teile stark verrostet sind, durch Lackschüttungen bekommen die Fahrzeuge eine eigenartige, morbide Ästhetik. Das Wort ist eins zu eins aus dem Englischen entlehnt (*rat* = die Ratte, in Österreich umgangssprachlich „der Ratz").
Ein „Rat-Biker" wird in Chats mit „Hi Ratz!" begrüßt.
Im 1. Beispielsatz ist gemeint, dass das Motorrad durch mangelnde Pflege bald ungewollt so aussieht wie ein „Rat-Bike".

reinziehen, eineziagn

■ ein Getränk, ein Essen etc. zu sich nehmen

I bin mordsmäßig fertig! Ohne dem Red Bull, des i ma grod einezogn hob, darat i auf da Stö einschlofn!

Jetzt zum Käsebrot, Leute. Ich war auf der Hengsthütte, dort hab ich mir ein Käsebrot einezogn, des war afoch so lecker-schmecker!

■ einen Film anschauen, eine CD hören, ein Buch lesen etc.

„Pimp My Ride" is ja die geilste Sendung wo gibt !! Hab mir das mal 4 Stunden am Stück reingezogen, total crazy ...

Wos hobts eich denn gestern im Kino einezogn?

Na hawidere ... Hab mir grad die Pics reingezogen ... Whooa!!!

Wir waren dort, unser erstes Festival, das wir uns reingezogen haben. Und es war schlicht genial!

Das Zeitwort „reinziehen" ist ein praktikabler Oberbegriff für „konsumieren", und zwar geht es nicht nur um Essen und Trinken, sondern auch um „geistige Konsumation": Filme, CDs, Bücher und Artikel, auch ganze Konzerte, Festivals und einiges mehr. In der Mundart wird „reinziehen" zu „eineziagn".

Reisbrenner, Reiskocher, Reisfresser

■ Auto oder Motorrad japanischer Herkunft

At the end of the day, es ist und bleibt ein Reisbrenner, egal welche Maschine die Burschen ins Kastl reinhängen, egal über welche Achse der Antrieb läuft, egal womit die Sitze bezogen sind, es ist kein BMW.

Ja, da kannst es von einem Trabbi ausbauen oder von einem Reisfresser, für einen normalen Scirocco gut genug!!

Alles über ▷ Gatschhupfer, alles über KTM und über Reisbrenner.

Also, eine Ducati is mittlerweile nimmer so viel teurer als ein Reiskocher ... Das war vor ein paar Jahren noch anders.

Autos oder Motorräder japanischer Herkunft heißen „Reisbrenner", Reiskocher" oder „Reisfresser". Hier dient das in Japan häufig verwendete Lebensmittel Reis zur nationalen Herkunftsbezeichnung. Gemeint sind die Marken Honda, Kawasaki, Nissan, Suzuki, Toyota, Lexus, Yamaha etc. „Reisfresser" ist auch ein stark abwertender Ausdruck für „Japaner".

Reisfresser ▷ Reisbrenner

Reiskocher ▷ Reisbrenner

Reisschüssel

■ Auto japanischer Herkunft

Ihr lieben Reisschüsselfahrer! Nett, dass ihr uns aufklärt! Ist schließlich Geschmackssache, wer welches Auto fahren mag oder sich leisten kann!

Hab mal testen müssen, was meine alte japanische Reisschüssel hergibt. Also der 16 Jahre alte Mazda mit seinen 100 PS konnte die 200er-Marke knacken. Bin so ca. 5 Min. mit 200 gfahren (oder mehr?! Tacho war aus), aber ich sags euch, das is irre anstrengend so was, vor allem wenn das Auto nicht dafür gedacht ist.

Ein Auto japanischer Herkunft nennt man „Reisschüssel". Das Wort „Schüssel" bedeutet im wörtlichen Sinn „Geschirr, Gefäß". „Schüssel" kann auch eine Kurzform von „Leibschüssel" sein; die Wendung „auf die Schüssel gehen" bedeutet „auf der Leibschüssel die Notdurft verrichten". „Reisschüssel" für ein japanisches Auto ist daher abwertender als „Reiskocher", wird aber auch selbstironisch von Mazda-Fahrern verwendet, wie das 2. Textbeispiel zeigt.

rippen, runterrippen, draufrippen

■ kopieren von Musik oder Filmen von einer Datenquelle auf die Festplatte des Computers

Jetzt hob i ma scho dem sei neiche CD kafft ... und auf MP3 gerippt ... So a Schaas ...

Ich hab mir das Mobo vor kurzem zugelegt und die CD war auch dabei. Wenn du willst, könnt ich dir die Files runterrippen.

Ich würde mit einem einfachen Ripper wie CDex die Tracks als MP3s runterrippen und dann als Audio-CD brennen. Oder du retournierst die CD (mit dem Argument, dass sie nicht ▷ funzt) und besorgst dir die Tracks anderswo.

Keine Ahnung, wer die Songs auf diesen MP3-Player draufgerippt hat.

■ einen Parcours bewältigen, eine Figur meistern (beim Skaten, Snowboarden etc.)

Der nagelneue Street-Parcours ist schon am Freitag in Grund und Boden gerippt worden.

Das Zeitwort „rippen" wird oft von Raster Image Processor abgeleitet, es hat im EDV-Bereich ursprünglich das Rastern von Druckbildern bezeichnet. Verallgemeinert versteht man heute darunter: „kopieren von Musik oder Filmen von einer Datenquelle auf die Festplatte eines Computers". Datenquellen können analoge Aufnahmen, CDs, DVDs oder Datenströme aus dem Internet sein. Beim Rippen werden häufig Datenformate konvertiert und es wird der Kopierschutz entfernt. Nach dem Rippen lassen sich die Daten meist beliebig vervielfältigen.
In Analogie zu „herunterladen" sagt man auch „runterrippen", analog zu „draufkopieren" heißt es auch „draufrippen". Vermutlich spielt auch das englische *to rip* (= auftrennen, reißen) bei der Herkunft eine Rolle.
Die Wendung „einen Parcours rippen" (= einen Parcours bewältigen) und „einen Trick rippen" (= eine Figur meistern) ist bei Skatern beliebt. In der Boarderszene bedeutet „gerippt" bzw. „rip" so viel wie „hart".

Ripper

■ Programm zum Rippen

Servus Michi! Host du an DVD-Ripper aufn Commputer?? Won scho, ruaf mi amoi o!

Ein Programm, mit dem man ▷ „rippen" kann, heißt „Ripper". CDex und EAC (Exact Audio Copy) für Windows und GRIP für Linux sind populäre Beispiele für CD-Ripper. Auch viele Audioplayer, wie Winamp, iTunes oder Windows Media Player, können CDs rippen. Ein entsprechendes Programm für Internet-Radiostreams ist StationRipper.

roboti, roboti

■ viel Arbeit, viel arbeiten

Mit David muss ich heut auch wieder zum Augenarzt, bis dahin steht noch „roboti roboti" und Kochen an.

Mir tuan beide zurzeit ▷ urigst in „roboti" „roboti" „roboti" absaufen – der Lichtstreifen am Horizont: November!

„Roboti roboti", um sich den 3. DVD-Player zu kaufen, das 2. Auto, um sich selbst zu befriedigen – können wir uns so glücklich machen?

Der Ausdruck „roboten" (ursprünglich: Frondienst leisten) hat sich im Mittelalter vom Tschechischen ausgehend nach Österreich und auch Süddeutschland ausgebreitet.

Das Wort findet sich in einigen österreichischen Kabarettprogrammen, zB in „Ka Zukunft" von Lukas Resetarits (1982). Dort sagt ein österreichischer Unternehmer zu seinem polnischen Arbeiter (dessen Sprachduktus imitierend): „Gemma, gemma! Roboti! Roboti! Graben wie Maulwurf, dann Schilling!"
Im Film „Hinterholz 8" von Roland Düringer und Harald Sicheritz sagt Herr Meier (Wolfgang Böck) zu einem ausländischen Arbeiter: „He, Masta! Ned gucken! Roboti! Schnell graben: 60 Schilling; langsam graben: 30 Schilling!"
In der Jugendsprache ist „roboti" oft in Verdoppelung oder Verdreifachung zu hören, um die längere Dauer einer Arbeit oder deren Eintönigkeit anzudeuten. Wenn das Wort in der Schriftform verwendet wird, steht es meist in Anführungszeichen und wird immer klein geschrieben; formal handelt es sich in den meisten Fällen wohl eher um ein Hauptwort.

rocken

■ klass sein

Aber die Highspeed-Raserei in Burnout 2 ist einfach spitzenmäßig umgesetzt und man kann so herrlich Unfälle bauen, das rockt einfach.

Das englische Zeitwort *to rock* bedeutet „erschüttern, schaukeln, schwanken". Durch die Verbindung der Zeitwörter *to rock* und *to roll* ist ca. 1954 die Bezeichnung „Rock and Roll" für eine bestimmte Art von Popmusik entstanden. Die Kurzform „Rock" ist erstmals 1957 belegt. In den 1930er Jahren war der Ausdruck ein unter schwarzen Engländern beliebter Slangausdruck für „Sexualverkehr haben", wie einige Liedtexte zeigen.
Im Deutschen bedeutet das Zeitwort „rocken" so viel wie „Rock(musik) spielen, nach Rock(musik) klingen, einen Rockrhythmus aufweisen". In einem übertragenen Sinn meint „Das rockt die Party, die Bude etc." so viel wie „Das bringt Schwung in die Party, in die Bude". In der Jugendsprache ist es zu einer Bedeutungserweiterung gekommen: „Es rockt!" heißt auch so viel wie „Es ist klass!" Der Ausdruck wird besonders häufig von Gamern verwendet.

rofeln, abrofeln

■ sich vor Lachen auf dem Boden wälzen

Lol! Ich find Emox zum Rofeln!

Mahlzeit! Bin ganz lustig drauf, abrofeln ist meine Bestimmung!

Bei den Chats im Web, aber ganz besonders beim SMSen (= Simsen), werden aus Zeit- und Platzgründen Kürzel verwendet, die aus dem Englischen stammen. Eines davon ist *rofl*, manchmal auch mit Buchstabenvertauschung zu *roLf* verändert. Es bedeutet „rolling on the floor laughing" (= sich vor Lachen auf dem Boden wälzen), eine Stufe schärfer als ▷ „lollen". In der Jugendsprache ist daraus ein Zeitwort geworden: „rofeln", auch „abrofeln". Es wird – so wie alle neuen Wörter der deutschen Sprache – schwach gebeugt: er rofelt, er rofelte, er hat gerofelt ... Eine Stufe über *rofl* steht *roflmao*. Es bedeutet „rolling on the floor laughing my ass off" (= sich auf dem Boden wälzen und sich dabei den Arsch ablachen).

Röhrl

■ Auspuffrohr

Außerdem hat sie 2 Auspuffröhrln (i steh auf so was).

„Röhrl" ist eine österreichische Verkleinerungsform von „Rohr". Das Wort „Rohr" hat schon im Mittelalter existiert und war zunächst eine Bezeichnung für „Schilfrohr".

rollig sein

■ Lust auf Sex haben

Ich wär a guada Pforra, bin aber zu rollig.

Heute bin ich rollig. Meine Güte, bin ich hormongeschwängert. Der Eisprung beherrscht meine Gedanken, genauer gesagt, meinen Körper.

Ursprünglich war „rollig" nur ein Fachausdruck für „brünstig" (bezogen auf Katzen). Der Ausdruck ist recht anschaulich: Eine brünstige Katze rollt sich auf dem Boden, streckt das Hinterteil hoch und spreizt den Schwanz ab, sie bietet sich förmlich an. Dazu kommt ein lautes Gurren und Rufen nach einem potenten Kater.
In der Jugendsprache wird „rollig" auch auf Menschen bezogen und bedeutet „Lust auf Sex haben". Schon im 19. Jahrhundert hat das Zeitwort „rollen" auch die Bedeutung „ausgelassen sein, lustig sein, mit Personen des anderen Geschlechts schäkern" gehabt. „Rollig" wird wohl auch deshalb verwendet, weil es harmloser und lustiger klingt als „fickrig".

rulen

■ klass sein

Das ▷ DIF rult wie die Pest.

St. Georgn rult sowizo!

Bin zwar kein Punk, aber Punk rult auch.

Das englische Zeitwort *to rule* bedeutet „anordnen, bestimmen, (be)herrschen", im Slang auch so viel wie „klass sein". Mit dieser Slangbedeutung wird das Wort heute in eingedeutschter Form von den Jugendlichen verwendet: „Es rult!" (= „Es ist klass!")

Ruler

■ Experte, großer Meister

Bin vü besser, wei i kontrolliert über an Muggel in da Pistn stürzen kann, und wenn i dann auf meine Haxn aufkomm, bin i voi glücklich, weil i der Ruler schlechthin bin.

Das englische Wort *ruler* bedeutet so viel wie „Regent". Im Internetjargon ist damit eine Person mit Computerwissen oder überdurchschnittlichen Fähigkeiten zu verstehen. Im ▷ „Leetspeak" ist die Schreibung „rul0r" üblich.

runterrippen ▷ rippen

Rüscherl

■ Cola mit Weinbrand, Rum oder Whisky

Die Partypics vom Kaktus sind ▷ ure cool, da kostet das Rüscherl ja fast nichts, muss unbedingt mal hingehen und die süßen Boys dort ▷ abchecken.

Unter „Rüscherl" versteht man ein Cola mit Weinbrand, mit Rum oder mit Whisky. Die Zusammensetzung variiert von Lokal zu Lokal, auch eine Internetrecherche konnte in dieser Frage keine Klarheit schaffen. Oft werden sogar noch weitere Namen kreiert, was die Begriffsverwirrung verstärkt. Als Ex-Detektiv Brenner (Josef Hader) in dem Film „Komm, süßer Tod" das Wort „Jackie" an einer Theke hört, fragt er gleich nach: „Ein Jackie ist ein Rüscherl?" – „Nein!" lautet die Antwort. „Jackie ist Cola-Whisky, Rüscherl ist Cola-Rum". Daraufhin bestellt sich Brenner ein „Krügerl", was die Bardame als „Rüscherl" missversteht.
Das Wort „Rüsche" existiert im Deutschen seit dem 19. Jahrhundert, es geht auf das französische Wort *ruché* zurück; zunächst ist damit eine stark plissierte Halskrause bezeichnet worden.

S

sau-

■ besonders

Des Boardn woa so saugeil, voi hoaß woas, die Pist hot a guat do … I und da Fischi homma uns ▷ voigas über die Fösn owiglossn, yeah!

Mir is saufad, unter der Wochn zumindest …

Wir kennen uns jetzt schon a bissal länger als a paar Monate … und ich find, du bist saulieb!!

Das Wort „sau-" wird zur Verstärkung von Eigenschaftswörtern verwendet, und zwar nach dem Muster von „saudumm", „saugrob" etc. In der Jugendsprache ist dieses Phänomen besonders häufig.

saugen

■ etwas aus dem Internet oder von einem anderen Computer herunterladen

Ach die bösen ▷ Leecher … Fakt is, dass Chello mit unlimited transfer wirbt, also müssen s' auch damit rechnen, dass die Leute mehr saugen als bei andern.

I lass mein PC auf LANs nie MP3s oder diverse Filme saugen, wenn i schlafen geh.

Was sind die besten Lieder von Radiohead? Ich hab leider 0 Plan, will ma aber ein paar Songs saugen … Aber gute, damit ich auf den Geschmack komm!

Einer von zahlreichen Ausdrücken für „etwas aus dem Internet oder von einem anderen Computer herunterladen". Andere sind „downen", „downloaden", ▷ „leechen", ▷ „zapfen", „zerren", „ziehen".

Schachtelwirt

■ McDonald's-Restaurant

Wir hatten Glück, er brachte uns schon mal heil zu unserem ersten Ziel – McDonald's Tabor, oder wie Gernot ihn nannte: „Schachtelwirt Tabor".

Danach fuhr man zum „Schachtelwirt" und gönnte sich Chicken McNuggets. Chicken McNuggets für die Zicken McNuggets.

Der Ausdruck wird in „Winders Wörterbuch zur Gegenwart" auf derStandard.at mit folgendem Kommentar versehen: „Zum einen bringt die Bezeichnung gekonnt auf den Punkt, was für McDonald's charakteristisch ist – dass das Essen in Schachteln aufgetischt wird, ist eben doch eine Eigenheit, auf die man in anderen Speiselokalen ausgesprochen selten trifft. Darüber hinaus aber lebt das Wort von der ironischen Reibung zwischen der Gemütlichkeit und Heimeligkeit, die der „Wirt" verbreitet, und der kühl kalkulierten Sachlichkeit, mit der der Kunde weltweit bei McDonald's abgespeist wird." (▷ Mäci)

Schanti

■ Gendarm

Bull... ähm – Schanti sagte: Jede Veränderung des Kennzeichens sei verboten – aber wo steht das??

„Schanti" ist eine Abkürzung für „Gendarm" – grob gesprochen für „Polizisten auf dem Land". Das Gegenstück in den Städten ist der ▷ Kiwara. Seit der Zusammenlegung von Polizei und Gendarmerie gibt es in Österreich nur mehr Kiwara, der aus dem Französischen stammende Ausdruck „Gendarmerie", zu dem der Kabarettist Michael Mittermeier meinte: „Gen-dar-merieee – hört sich immer an wie ‚schwules Kasperltheater'", wird also aussterben.

scheißheiß

■ extrem heiß

Mir gehts guat, aber ▷ ur scheißheiß!!

Die Verbindung von „scheiß" und „heiß" ergibt ein Wort für „extrem heiß". Das Gegenteil ist ▷ „arschkalt".

Schluchtenscheißer

■ Österreicher (aus alpiner Region)

Kein Wunder, dass wir im Ausland nur „die Schluchtenscheißer" genannt werden.

Ohne Wechselspieler war es im Finale auch für unser Team 2 schwer. Man merkte, dass die Spieler kraftmäßig am Limit waren. Gegen die angereisten Salzburger „Schluchtenscheißer" hatten wir kaum Chancen und verloren klar mit 1:4.

Der stark abwertende Ausdruck wird von Deutschen für Österreicher verwendet, aber auch von österreichischen „Flachländlern" für die Einwohner von alpinen Regionen.

schnackseln, schnaxln

■ Sex haben, miteinander schlafen

Ich bin ja schon still ... aber eines weiß ich schon : „poppen" ist piefkonisch, bei uns heißt das „schnackseln".

Ja, meine Eltern haben gesagt, wenn ich achtzehn bin und mein eigenes Geld verdiene, kann ich meine eigene Wohnung haben und saufen, rauchen, schnaxln und vieles mehr.

Wann doama den wieda schnaxln? Wann bist wieda moe im Internet? Host ma jo scho lang nima zruckgschrim!!!!!

Der Ausdruck „schnackseln" ist mit „schnakeln" (= einen schnalzenden Laut ausstoßen, eine rasche Bewegung machen) verwandt. Früher hat man ein aufklappbares Taschenmesser als „Schnackelmesser" bezeichnet, und wie der bayerische Mundartforscher Johann Andreas Schmeller (1785–1852) schreibt, hat man „im obszönen Scherz" auch den Penis so bezeichnet. Vermutlich hat es also ursprünglich das Hauptwort „Schnackler" gegeben, und daraus hat sich dann das Zeitwort „schnackseln" entwickelt.
Obwohl es sich um einen älteren Mundartausdruck des österreichisch-bayerischen Raumes handeln dürfte, entsteht der Eindruck, dass zu Beginn der zweiten Hälfte des 19. Jahrhunderts von Kärnten aus eine Wiederbelebung erfolgt ist. Heute wird das Wort „schnackseln" auch in Deutschland gebraucht; im Jahr 2004 ist es in den Rechtschreib-Duden aufgenommen worden.
Verglichen mit dem weit verbreiteten Wort „ficken", das vom Norden Deutschlands nach Österreich gekommen ist, hat „schnackseln" einen leicht scherzhaften Klang.

Schneckenchecker

■ Frauenheld

Hi, du alter Schneckenchecker! Bei deiner Geilheit müssen die Chicks ja richtig aufpassen, dass du sie nicht gleich anspringst.

„Der Schneck" (Mehrzahl: „die Schnecken") bedeutet in Österreich „hübsches, reizendes Mädchen". Ein „Schneckenchecker" ist also „jemand, der sich bei Frauen auskennt": ein „Frauenheld" (▷ Ladychecker).

Schniedel(wutz)

■ Schwanz, Penis

Es schneit ja draußen! Und? Was zieh ich an, frag ich in die Runde. Foa doch nockat, dein' Schniedelwutz sieht man nach 5 Metern vor Kälte eh nicht mehr, sagt Charly.

Ich lese soeben, dass Williams und Toyota nachträglich disqualifiziert worden sind. Grund: regelwidrige Bremskühlvorrichtung. Is ja auch korrekt. Aber ich verwette meinen Schniedelwutz, dass Ferrari – hätten sie sich dasselbe geleistet – nix passiert wär.

Kommt immer auf den Zusammenhang an. Bei dirty talks kriegst nen Lachanfall, wenn du „Steck mir deinen Schniedelwutz in meine Mumu!" hörst.

Das Wort „Schniedel(wutz)" stammt aus Deutschland und erfreut sich in Österreich steigender Beliebtheit. Hella von Sinnen hat es oft in Talkshows verwendet. Wie der Ausdruck entstanden ist, darüber streiten sich die Geister. Als nicht unwahrscheinlich kann gelten, dass das Ursprungswort „Schnittling" (Schnittlauch) ist. Ein Schnittlauch ist ja auch ein Röhrchen, nur halt viel kleiner.
Da „Schniedelwutz" eher der Kindersprache zuzuordnen ist, wird der Ausdruck im Bett als „ungeil" empfunden.

Schnittlauch

■ Dummkopf

Wer was anderes behauptet, ist wahrscheinlich ein Schnittlauch – außen grün, innen hohl, tritt bündelweise auf – wie unsere ▷ *Kiwara.*

■ Polizist

Warum der Schnittlauch als Synonym für „Dummkopf" herhalten muss, zeigt das Textbeispiel: Die Pflanze ist innen hohl, damit ist ein Vergleich mit „Hohlkopf" (= dummer Mensch) möglich.
Da die Uniformen der Polizisten in Österreich früher grün waren, dient „Schnittlauch" auch als Schmähwort für „Polizist". Damit werden auch gleich die beiden Bedeutungen miteinander vereinigt.

schnuffig

■ süß, zum Knutschen

Die sehen sich ja total ähnlich. Und der getigerte ist auch schnuffig. Unsere haben leider seit der Kastration jeder 2 kg zugelegt.

■ lieb, nett

Na, wie gehts dir so??? Wenn dein PC wieder in Ordnung is, kannst dich ma wieder bei mir melden? Fänd ich mächtig schnuffig!!!! Ciao, deine Lady.

Klingt ein bissel übersteuert, aber sonst ganz schnuffig.

Das Eigenschaftswort „schnuffig" wird vor allem von Mädchen verwendet; es passt auf Katzen oder Hunde, besonders junge, außerdem auf Meerschweinchen und Hamster, kann aber auch zur Beschreibung von Buben dienen. Auch ein Song kann „schnuffig" sein oder „schnuffig" klingen.

Schoki

■ Schokolade

Die Schoki lacht mich da von schräg vorne an und will gegessen werden, aber ich bin standhaft ... ähhh willensstark mein ich ... So nicht, Schoki! Nicht mit mir!

„Schokolade" wird zu „Schoki" abgekürzt, ähnlich wie ▷ „Konzi". Das ist in der Kinder- und Jugendsprache so üblich, seit es Schokolade gibt.

Schreiberling

■ Schreibgerät

Borgst mir deinen Schreiberling?

Ein „Schreiberling" ist laut Duden ein „schlechter Autor". In der Schülersprache versteht man aber schon seit Generationen unter „Schreiberling" ein „Schreibgerät", also Kuli, Bleistift, Filzstift etc.

Schwarzkappler, Blaukappler, Weißkappler

■ Kontrollor

Die Schwarzkappler haben grad Hochsaison, so scheints. Ich wurd heut erwischt – interessanterweise hat der Kappler gesagt, dass es das Doppelte kostet, wenn ich nicht innerhalb von drei Tagen zahle. Steht nirgends drauf. Doofe Autoritätsperson.

Die Fahrscheinkontrollore in öffentlichen Verkehrsmitteln nennt man in Wien „Schwarzkappler". Diese waren früher ungetarnt unterwegs und hatten schwarze Uniformkappen auf. „Blaukappler" kontrollieren in Wien die Parkpickerln, „Weißkappler" ahnden allgemeine Verstöße gegen das Parkverbot. Eine „Kappe" ist in Österreich eine Kopfbedeckung mit Schirm und Symbol für eine Amtsperson.

schwul

■ unangenehm, peinlich

Vielleicht klings jo etz a bissal voi zach, owa i muass sogn, i glab, dass i an Alk scho mea brauchn dua wia megn!! Und des find i voi schwul!

He, du ⊳ Nudlaug, dua sofort mei schwules Foto do aussa und dua a normales eine.

Ursprünglich gab es ein Eigenschaftswort mit der Schreibung *swul*, das mit dem Zeitwort „schwelen" verwandt ist. Es stammt aus dem Norden Deutschlands und hat sich im 17. Jahrhundert in andere Regionen des deutschen Sprachraums ausgebreitet. In Anlehnung an „kühl" ist aus „schwul" wenig später „schwül" geworden, das Hauptwort lautet „die Schwüle" (feuchte Hitze). Im 18. Jahrhundert hat sich in studentischen Kreisen der Ausdruck „Schwulität" (= Schwierigkeit, Unannehmlichkeit) herausgebildet; dabei hat der Gedanke „Mir wird ganz heiß" eine Rolle gespielt. Die Bedeutung „schwul" im Sinne von homosexuell ist erst im 20. Jahrhundert entstanden, und zwar im Norden Deutschlands, wobei der Ausdruck „warmer Bruder" eine Rolle gespielt hat.
„Schwuler" (= Homosexueller) ist zunächst in Österreich als diskriminierender Begriff verstanden worden, doch unter dem Einfluss deutscher Homosexueller, die selbst diesen Ausdruck verwendet haben, hat er sich auch in Österreich durchgesetzt und wird heute ohne Abwertung gebraucht.
Bleibt noch das zu „Schwulität" gehörende Eigenschaftswort „schwul" mit der Bedeutung „unangenehm". Es wird in der österreichischen Jugendsprache recht häufig verwendet – ganz ohne Anklänge an das Bedeutungsfeld „homosexuell".

seas, sers, seavas, seawas, zeavas (= servus)

■ Formel zur Begrüßung und Verabschiedung

Seas! Die Mündliche hob i am 15. Okt. und dann werd i gscheit feiern bei mir daham. Meine Eltern hom a Überraschung für mi, wann i di Matura gschofft hob. Bin scho gschpannt. Tschüß.

„Servus" wird in der mündlichen Kommunikation stark verkürzt, so dass im Internet die Schreibungen „seas" und „sers" der Normalfall sind. Aber auch Formen wie „zeavas" sind nicht unüblich. Wörtlich bedeutet „servus" so viel wie „Ich bin dein Diener". In den Chats wird „seas" eher zur Begrüßung und seltener zur Verabschiedung verwendet.

seeden

■ ein Spiel oder ein Programm anderen Usern anbieten

Hast du nur ⊳ geleecht oder auch geseeded? Mit welchem Programm?

Mit dem aus dem Englischen entlehnten Zeitwort *seeden* bezeichnet man „ein Spiel oder ein Programm anderen Usern anbieten". „Seeden" ist also das Gegenteil von „leechen".

Servus die Wadln

■ scherzhafte Grußformel

Servus die Wadln!! Ihr seid ja echt alle Spitze!! Wünsch euch noch an schönen letzten Tag.

Diese scherzhafte Grußformel stammt aus der Intersport-Werbung, sie ist inzwischen auf zahlreichen Nickpages zu finden. Die Schreibung von „servus" kann stark variieren (▷ „seas"). Man findet auch die Formulierung „die ▷ Wadln sagen servus".
Ein wenig schwingt auch jene Begrüßungsformel mit, die Heinz Conrads (1939–1986) in seiner bekannten TV-Sendung „Guten Abend am Samstag" verwendet hat: „... guten Abend die Madln! Seavas die Buam!"

shice

■ Scheiß(e)

Wann werden diese Idioten, die ICQ benützen, erkennen, dass instant messaging shice ist?

Ach du shice ... Wos san do via oaschgeile DJs? Wer bezahlt des denn?

Der Rice schmeckt shice!

„Shice" ist die im ▷ „Leetspeak" anglisierte Schreibung von „Scheiß(e)" – reimt sich in Nonsensfloskeln auf „rice" (= Reis), „mice" (= Mäuse), „ice" (= Eis) etc.

Shit

■ Scheiße

Shit!! Der PC hängt sich dauernd auf!!

■ Haschisch

Niemals ▷ Alk mit Shit mischen!

Der englische Ausdruck *shit* (= Scheiße) wird als Fluchwort verwendet, wenn ein Missgeschick passiert ist. Außerdem ist „Shit" neben „Dope" auch eine umgangssprachliche Bezeichnung für „Haschisch".

shredden
■ mit dem Snowboard herumdüsen, locker freifahren

Ich bin das Board jetzt 4 Monate vollgas geshreddet und es hat noch immer den gleichen Flex wie am Anfang ... Also auch definitiv ein Board, von dem du längere Zeit etwas hast!

Der Dachstein ist zur Sommer-Boarder-Destination ausgebaut worden. Kein Wunder, wurde doch ordentlich aufgerüstet: Halfpipe, Corner, Rails & Kicker werden täglich perfekt geshapt. NEU sind heuer unter anderem ein Snowboardskatepark, eine eigene Beginnerline sowie ein Chill-Area mit Sound. Der Park wartet darauf, von dir geshreddet zu werden! Also, rauf auf den Dachstein, 3.000 m Freiheit warten! (Werbetext)

In der Sprache der Snowboarder wird das englische Zeitwort *to shred* (= zerreißen, zerschnitzeln) im Sinn von „herumdüsen, locker freifahren" verwendet.

Sitzpinkler, Sitzbrunzer
■ ein Mann, der sitzend uriniert

Ich war ja früher auch ein Stehpinkler. Meine ▷ Eude hat mich dann mit dem Selberputztrick zum Sitzpinkler umerzogen.

■ Schwächling, Weichei

Wollte dir nur sagen, dass du nit bei Sachen mitreden solltest, von de du keine Ahnung hast!!!!!! Du dummer Sitzbrunzer!

„Beim Pinkeln hinsetzen!" ist eine Forderung vieler Frauen an ihren Partner. Vor diesem Hintergrund wird der Begriff „Sitzpinkler" und „Sitzbrunzer" für „Schwächling, Weichei" verständlich. Das Wort steht in einer Reihe mit „Warmduscher", „Festnetztelefonierer" und ähnlichen Ausdrücken, die Wörter werden aber heute meist schon als veraltet empfunden. „Sitzbrunzer" klingt derber als „Sitzpinkler", denn „brunzen" ist der heimische Ausdruck, „pinkeln" der aus Deutschland importierte, und fremde Fäkalausdrücke klingen immer sympathischer. Stefan Webers Funrockband „Drahdiwaberl" hat 2004 ein Lied mit dem Titel „Sitzpinkler" herausgebracht.

einen Smile drauf haben
■ ein Lächeln drauf haben, gut gelaunt sein

Wenigstns oane, de imma an Smile drauf hot!

Nett, verständnisvoll, hilfsbereit, aufmunternd, imma an Smile drauf!!!

Das Wort *smile* (= Lächeln) ist aus dem Englischen entlehnt. In der Sprache der Chatter und SMSler wird ein Lächeln durch *smile* wiedergegeben.

Sodawassa

■ soda, soderla, soderle

Sodawassa, bald is es so weit und ihr werdet mit neuem Scheiß beglückt. Unser nächstes Album „Minimum Platinum" ist fast fertig und wird Anfang Juli überall erhältlich sein.

Sodawassa, do san no a poa Digifotos und de vasprochanan Links.

Sodawassa, wer Rechtschreibfehler findet, darf sie behalten.

Sodawassa mit Himbeersaft. Schauts eich a bissl um und sagts ma eure Meinung.

Das am Satzanfang stehende „so" kann im österreichischen Deutsch umgangssprachlich zu „soda", „soderla" oder „soderle" verlängert werden. Das „so" signalisiert in diesem Fall, dass eine Handlung abgeschlossen ist: „So/soda, jetzt sind wir fertig!" Das „da" enthält eine örtliche Komponente, einen Hinweis, dass etwas „da" ist, weil es beispielsweise auf den Tisch gestellt worden ist. Die zusätzliche Verlängerung von „Soda" zu „Sodawassa" (schließlich ist „Soda" ja auch eine Kurzform von „Sodawasser") hat einen scherzhaften Charakter. Sie ist von dem Kabarettisten Josef Hader wiederbelebt worden und findet sich beispielsweise in der Kartenspielszene von „Indien" (1. Akt, 3. Szene der Bühnenfassung).
„Sodawassa" statt „so" ist ein Insiderschmäh, der nur in Österreich verstanden wird. Ein Berliner oder Hamburger wird die Augen weit aufreißen. Manchmal wird der Ausdruck noch um ein weiteres Stück verlängert zu: „Sodawassa Postsparkassa". Die ältere Form „Soda mit Himbeer" stirbt aus.

Solarium-Tussi

■ übertrieben gebräunte Tussi

Mir gefallen Frauen mit Haaren in Naturfarben, weil die meistens auch super zur Hautfarbe passen – wenn es nicht so eine doofe Solarium- oder Make-up-Tussi ist, die das nicht gecheckt hat.

Servus, bis heut Abend, gell, du Solarium-Tussi!!!!

Eine ▷ Tussi, die das ganze Jahr hindurch übertrieben gebräunt ist, weil sie regelmäßig ins Solarium geht, nennt man „Solarium-Tussi".

Spasti

■ Spinner, Narr

Du blöder Spasti, wenn du ein paar allgemein gültige Statements gleich als Beleidigungen auffasst, gebühren s' dir eh!

■ Spastiker

Treffen sich zwei Spasti. Sagt der eine: „Ich habe gehört, du hast gestern den Breakdance-Wettbewerb in der Disco gewonnen!" – „Ja", sagt der andere, „dabei wollte ich mir eigentlich nur ein Cola holen!"

Spastiker sind schwerst behinderte Menschen, die infolge einer zerebralen Schädigung unter Bewegungsstörungen und Muskelkrämpfen leiden. Wenn Jugendliche Witze über Spastiker machen, dann ist das nicht so bös gemeint, wie es Erwachsene empfinden. „Spasti" bedeutet in der Jugendsprache auch „Spinner", „Narr".

Stopsel, Stöpsel

■ kleiner Kopfhörer

Also, mir ist eine Freisprecheinrichtung zu teuer. So ein Stopsel kostet 5 Euro. Uncool? Ich find ihn eher praktisch.

Das Wort „Stopsel" oder „Stöpsel" bedeutet im Allgemeinen „Korken", „Verschluss eines Waschbeckens etc.", auch „kleines Kind". Wenn Jugendliche das Wort „Stopsel" oder „Stöpsel" hören, denken sie eher an die kleinen Kopfhörer bei einem Handy, MP3-Player etc.

Streetfighter

■ aggressiv aussehendes Motorrad mit wenig Verkleidung

Du, bin imma voi in Stress. Schaffe, schaffe, häuslebaue. Wasd eh. Vü hackn hoit. Moppettn hob i a wieder. Hob ma glei an fertigen Streetfighter kauft.

„Streetfighter" ist die Bezeichnung für ein martialisch gestaltetes Motorrad mit kurzem Radstand und hohem Heck. Es ist wenig verkleidet, die Reifen sind so frei wie möglich – ein „Golf-GTI" unter den Motorrädern.

sucken (gesprochen: *sackn*)

■ echt beschissen sein, ein echter Scheiß sein, nerven

So früh aufstehen suckt!

■ fehlerhaft sein

Ich hasse Benpsycho, das suckt derbe, das ▷ Proggi, sehr gamerunfreundlich.

■ schlecht spielen

Boah, ich sucke heut!

Das Wort ist aus dem Englischen entlehnt, wo *to suck* im allgemeinen Sprachgebrauch so viel wie „lutschen", „(aus-)saugen" bedeutet, im Slang so viel wie „echt beschissen sein", „ein echter Scheiß sein". In der Gamer-Szene wird das Wort dazu verwendet, um ein schlechtes Programm oder einen schlechten Spieler zu brandmarken.

supi
■ großartig, fantastisch, ausgezeichnet

Na ja, kann nicht immer nur alles supi sein. Jetzt aber wieder doch alles supi.

Supi, dass ets auf meina ▷ NP glandet seids!!! Und wenns schu mal da seids, kenntets glei an Eintrag im Gästebuch machen!!

Das Ursprungswort „super" stammt aus dem Lateinischen; dort hat es ursprünglich „oben, darüber, von oben herab, über sich" bedeutet. Neu ist nur die Endung – und der inflationäre Gebrauch.

Susi, Susl, Suzi
■ Suzuki

Garagengepflegte Susi mit jedem Service.

Die Motorräder der Marke Suzuki tragen den Spitznamen „Susi", „Susl" oder „Suzi". Das Unternehmen ist nach seinem Gründer Michio Suzuki benannt, der anfangs nur Webstühle produziert hat.

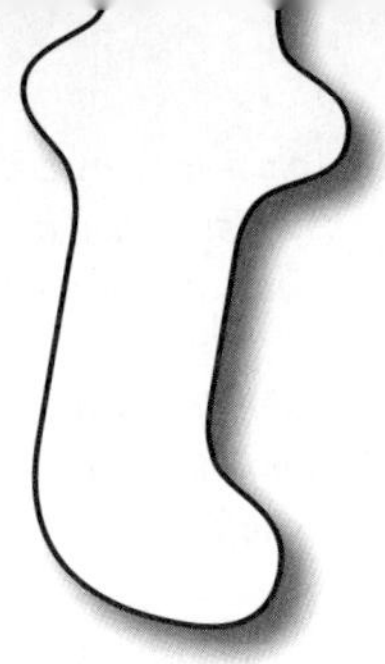

taggen (gesprochen: *täggn*)
■ ein persönliches Graffiti-Logo anbringen

Dort gibt es zehntausende Sprayer, dort wird alles zugetaggt ...

■ eine Eintragung in einem Gästebuch einer Website machen

Wenn ihr schon mal hier seid – taggt doch was in mein GB!

Die allgemeine Bedeutung des Hauptwortes *tag* im Englischen ist „Anhängeretikett, Anhängerschild, Kennzeichnung, Namensschild" etc.; das Zeitwort *to tag* bedeutet „auszeichnen, beschildern, markieren, mit einem Anhängerschild versehen". Jugendliche verstehen unter „Tag" das „persönliche Logo eines Graffiti-Malers"; der Urheber eines Graffiti-Logos ist ein „Tagger", das dazugehörende eingedeutschte Zeitwort lautet „taggen".
Einer der ersten „Tagger" Wiens hat mit „STYLE" signiert, oft auch mit „STYLER" oder mit „STYLER ÖBB" – ein Hinweis auf sein Feindbild ÖBB; diese sind nämlich mit einer Anzeige gegen ihn vorgegangen.
Vorläufer der „Tags" schon während des 2. Weltkriegs war das „Kilroy-Motiv" (oft auch mit dem Schriftzug „Kilroy was here!") – es zeigt ein Gesicht mit einer länglichen Nase und zwei runden Augen. Dieses Gesicht schaut über eine Mauer, manchmal sind auch die Finger zu sehen, die sich an der Mauer festhalten. Das Logo geht angeblich auf den Schiffsinspektor James J. Kilroy zurück.
Für ein älteres Beispiel ist eindeutig ein österreichischer Registraturbeamter mit dem Namen Josef Kyselak verantwortlich. Er hat zu Zeiten des Biedermeier in Wien gelebt und mit einem Freund darum gewettet, dass es ihm gelingen werde, in der ganzen Monarchie bekannt zu werden und überall seinen Namen zu verbreiten. Einige dieser Inschriften haben bis heute überlebt – ob sie tatsächlich von Kyselak stammen, ist eine andere Frage.

Teil, das
■ elektronisches Gerät, Tonträger, Hardware, Software, Bike etc.

Scanner defekt! Ich habe das Teil schon aufgemacht und soweit es in meinem Ermessen stand, durchgecheckt, habe aber nichts gefunden!

Wer Lara 1 mittlerweile in- und auswendig kennt, wartet vielleicht besser auf die nächste Generation der Nokia-Games. Schlecht ist das Teil aber auf keinen Fall und bietet die gewohnte Croft-Kost im Mix mit einer spannenden Story.

Das Teil macht Sinn. Mächtiger Motor, menschenwürdige Sitzposition, brauchbare Federung (auch für österreichische Straßen zu gebrauchen), und jetzt auch noch Windschutz. Passt!

Ist das Wort „Teil" männlich oder sächlich? Auf meiner Website das-oesterreichische-deutsch.at ist dazu folgendes Posting eingetrudelt: „Das Teil" ist deutsches Deutsch, „der Teil" ist österreichisches Deutsch.
Stimmt so nicht. „Das Teil" ist eher „ein einzelnes kleines Stück, das zwar zu einem Ganzen gehört, dem aber eine gewisse Selbständigkeit zukommt", also „ein in sich Ganzes, das Teil eines größeren Ganzen ist". Man sagt also: „Ein wesentliches Teil des Bausatzes fehlt", „ein defektes Teil der Maschine ersetzen".
Erst bei der Arbeit zu diesem Buch bin ich auf das Phänomen gestoßen, dass man in der Jugendsprache und in diversen Szenesprachen „das Teil" auch für „ein in sich Ganzes" verwendet, das „recht groß" sein kann und nicht unbedingt „Teil eines größeren Ganzen" sein muss. Gut, bei einer Software könnte man noch dagegenhalten: Die ist Teil eines Geräts. Aber ein Scanner? Der ist höchstens als das einem PC untergeordnete Gerät zu interpretieren, als Teil einer Gruppe verschiedener EDV-Geräte. Aber ein Motorrad ist wohl ein Motorrad! Oder will man damit zum Ausdruck bringen, dass dieses einzelne Bike Teil einer großen Bikergemeinde ist?

Teurone(n) ▷ **Eurone(n)**

thrashig

■ nach Thrash Metal klingend, typisch für Thrash Metal sein

Ob thrashig aggressiver Elektro-Punk, chilliger Ambient oder experimentell arrangierter Techno: Alec Empire fühlt sich überall zu Hause!

War das Debüt noch lupenreines Hardcore-Gelärms, zerfräste bereits „Beg to Differ", ein trocken thrashig groovender Ohrenschmaus voller Stakkatoorgien und präzisen Nackenschlägen, die Bangerhirne zu lauwarm kompottähnlichem Brei, und was mit „Prove You Wrong" folgte, ist und bleibt ohnehin purer Wahnsinn!

Das Eigenschaftswort zu „Thrash Metal", eine Musikrichtung, lautet „thrashig" und wird mit th geschrieben, im Gegensatz zu ▷ „trashig".
Thrash Metal (englisch *to thrash* = dreschen, prügeln) ist Anfang der 1980er Jahre als schnellere und extreme Spielart des Metal entstanden. Oftmals wird der Thrash als eine Verschmelzung der Energie und Geschwindigkeit des Hardcore-Punk mit den Techniken des New Wave of British Heavy Metal bezeichnet. Beim Thrash

Metal sollen die Gitarren brutal klingen und werden daher speziell darauf abgemischt oder heruntergestimmt. Allgemein gilt „Kill 'Em All" von Metallica aus dem Jahr 1983 als erstes Thrash-Album, die Musik von Venom und Motörhead wird als Vorläufer des Thrash Metal eingestuft. Gelegentlich wird das h in dem Wort „Thrash" ausgelassen, was grundsätzlich falsch ist; ein Zusammenhang mit ▷ „trash" besteht nämlich nicht. (Siehe auch ▷ „Headbanger", ▷ „Mettler"!)

Trash

■ Mist, wertloses Zeug, Schund

Was die Amis derzeit liefern, ist Trash – wen interessieren Serials wie „Der Prinz von Bel-Air" (außer im angeblich recht wort- und sprachspielgewitzten Original) oder das immer unsäglichere Pfotenklopfklischee aus „Hör mal, wer da hämmert"?

■ kulturelles Produkt mit geringem geistigem Anspruch, an dem gerade der Aspekt der Geistlosigkeit genossen wird

Unglaublich – ich wusste gar nicht, dass es diesen Mega-Trash über Kiss und ihre Roboter-Doppelgänger überhaupt auf DVD gibt! ▷ Geil!!!

Das englische Wort „trash" bedeutet ursprünglich so viel wie „Mist, wertloses Zeug", auch „Schund". Daraus hat sich dann eine neue Bedeutung entwickelt, die nicht mehr abwertend ist: „ein kulturelles Produkt mit (absichtlich oder unabsichtlich) geringem geistigem Anspruch, an dem gerade der Aspekt der Geistlosigkeit genossen wird". Oft geht es bei „Trash" auch um eine absichtliche Missachtung herkömmlicher Stil- und Ästhetiknormen.
Ein bekanntes Beispiel für „Trash" im zuletzt definierten Sinn sind die Arbeiten des in Wien lebenden Zeichners Tex Rubinowitz. Hier sieht man, dass „Trash" und „Kult" (▷„kult sein") oft nahe beieinander liegen.

trashig

■ nicht hochgestochen geistvoll, aber unterhaltsam

Trashig war der Film auf alle Fälle ... aber irgendwie ... hmm ... teils extrem fad, teils extrem schräg, teils extrem schnell, ... und das alles im Minutentakt!

Rabenschwarz und garantiert politisch unkorrekt – Adam Sandlers höllische Komöde „Little Nicky" ist Trash vom Feinsten, teuflisch lustig. Wüste Gags am laufenden Meter, unter Einsatz von erstklassiger Tricktechnik umgesetzt, machen die Hölle zum Schauplatz einer trashigen Rockoper – passender Sound inklusive.

Das Eigenschaftswort zu ▷ „Trash" wird vor allem im Zusammenhang mit Filmen verwendet. Oft werden auch jene Filme als „trashig" bezeichnet, die politisch unkorrekt sind oder dazu führen, dass sich zart besaitete Zuschauer übergeben müssen. Im Bereich der Musik wird manchmal „trashig" mit ▷ „thrashig" verwechselt, obwohl es sich um 2 Wörter mit unterschiedlicher Schreibung und unterschiedlicher Bedeutung handelt.

Tribal (gesprochen: *traibl*)

■ Stammesmotiv (als Tattoo, auf Autos etc.)

Oiso, wenn ois hinhaut, dann unten am Rücken a Tribal ... Wasst, wo i man ...

Also, das schwarze Tribal kommt richtig geil auf dem Auto.

Das „Tribal" ist ein Standardmotiv bei Tätowierungen, manchmal auch eine Malerei auf der Karosserie eines Autos oder Motorrads. Das Eigenschaftswort „tribal" bedeutet im Englischen „stammeszugehörig, auf die eigene Gruppe bezogen". Das Erscheinungsbild eines Tribals ist jenen Motiven nachempfunden, die von den so genannten „Indigenen Völkern" verwendet werden. Darunter versteht man die Ureinwohner der Kontinente: in Amerika „Native Americans" (= Indianer), in Australien „Aborigines", in Indien „Adivasi" etc.

Trick 18

■ glänzender Einfall, hervorragende Idee

Wann ist eine Melone reif? Das ist ganz einfach mit Trick 18: Wenn man den Stielstummel leicht eindrücken kann!

Ey, wo seid ihr denn? Meldet euch bitte! Ihr wisst Trick 18!

DVD ohne Scart? PC per Scart an Videorekorder, Videorekorder per Antennenkabel an TV! Ohne Videorekorder fällt mir nichts ein – wäre Trick 18!

Der Ausdruck „Trick 17" findet sich in der ab 1967 gesendeten Blödelserie im Agentenmilieu mit dem Titel „Supermax/Minimax". Agent 86 Maxwell Smart (Don Adams) und Agent 99 (Barbara Feldon) bilden ein Team im Kampf gegen das Verbrechen. Doch die Verbrecher haben es leicht, der Superagent ist nicht einer der Hellsten. Außerdem taucht der Ausdruck in der 1970 gesendeten TV-Comedy-Reihe „Immer wenn er Pillen nahm" auf, eine Persiflage auf die Superhelden-Filme. Amerikanische Wissenschafter entwickeln eine Superpille. Doch wirkt diese Pille nur bei einem einzigen Menschen, Stanley Beamish (Stephen Strimpell), und nur für kurze Zeit. Danach wird Beamish wieder zum kleinen, schwächlich-unscheinbaren Mitarbeiter in der Werkstatt seines Freundes und Kollegen Hal Walters

(Dick Gautier). In der Jugendsprache wird heute anstelle von „Trick 17" oft „Trick 18" verwendet, in Deutschland noch viel häufiger als in Österreich.

Troll

■ Provokateur (im Internet)

Man kann Scheiße reden, unterste Schublade posten, niveaulos sein – und es gibt so viele dumme Menschen, die auch noch pausenlos drauf einsteigen. So etwas nennt sich „Troll" bzw. „trollen" ... Nur ein Ziel: nicht konstruktiv sein, nur provozieren, bis einer drauf einsteigt.

Entweder hat der Herr Doktor nur Scheiße im Hirn oder er ist ein Troll.

Im Internet werden Menschen als „Troll" bezeichnet, die Beiträge verschicken, mit denen sie erkennbar nur provozieren wollen, ohne einen wirklichen Beitrag zur Diskussion zu leisten. Die Beiträge selbst werden meist als „Troll", „Troll-Post" oder „Troll-Posting" bezeichnet.
„Trolle" versuchen Diskussionen um ihrer selbst willen auszulösen, ohne wirklich am Thema interessiert zu sein, sie versuchen, Menschen zu diskreditieren oder eine bereits laufende Diskussion zu stören. Oft werden auch Diskutanten, die eine kontroverse Meinung nicht nur vertreten, sondern auch unbeirrbar bis hin zu persönlichen Angriffen auf dieser bestehen, als „Trolle" bezeichnet. Da dieses Verhaltensmuster der ursprünglichen Bedeutung des Wortes „Troll" widerspricht, ist versucht worden, stattdessen den Begriff „Elch" zu etablieren. Dieser Begriff hat sich allerdings nicht allzu weit verbreitet. Manchmal wird der Vorwurf des „Trollens" auch dazu verwendet, um Diskussionsteilnehmer mit kontroverser Meinung zu diskreditieren.
Obwohl Trolle in der Mythologie nicht ausschließlich als „böse" beschrieben werden, ist ihre leichte Reizbarkeit, aus der heraus sie oftmals nicht nachvollziehbare Handlungen begehen, legendär. Das Internetwort „Troll" könnte allerdings auch aus der Fischerei stammen. Dort wird das Fischen mit einer Schleppangel als „Trolling" (= Ködern) bezeichnet.
Wie geht man mit einem Troll um? Die beste Verhaltensregel lautet: „Don't feed the trolls!" (= „Trolle nicht füttern!")

trollen

■ provozieren

*So, jetzt aber endgültig: *Plonk* Wenn du antworten willst => Fup2p. Aber so etwas scheinst du nicht zu verstehen. Oder du willst trollen.*

Hier handelt es sich um das Zeitwort zu ▷ „Troll". Im allgemeinen Sprachgebrauch heißt „sich trollen" so viel wie „sich (kleinlaut) entfernen".

Tschanzi
■ Chance

So vü Tschanzis und kaa Tor, Mann, Mann, Mann!

Das Wort „Chance" wird in Österreich manchmal zu „Tschanze" verballhornt. In der Jugendsprache kann daraus „Tschanzi" werden, mit der Mehrzahlform „Tschanzis". Das Wort ist als Fachausdruck des englisch geprägten Pferderennsports ins Deutsche gekommen. Schon vorher ist es mit der Bedeutung „Glückswurf beim Würfelspiel" aus dem Französischen entlehnt worden. Dabei schwingt offenbar mit, dass sich Würfelspieler mit geschickten Fingern einen guten Wurf „zuschanzen" können.

tschau, tschaui, ciao
■ ein Verabschiedungsgruß

Woa heid obm, des is irgendwie voi scheiße. De is voi hin, de ▷ Halfpipe, ▷ Euder, voi scheiße! Tschau!

Wurde ja mal mit 8 als Idiotin oder so von meiner Mutter beschimpft, weil ich Vollkornbrot statt 6-Korn-Brot gekauft habe! Ciao, bis morgen!

Der Gruß „servus" ist älter als „tschau". In Zeiten der Habsburgermonarchie hat man in Italien das österreichische „servus" (wörtlich: Ich bin dein Diener) übernommen und ins Italienische übersetzt: erst *sciavo* (= Sklave, Diener), dann verkürzt zu *ciao*. Als 1848 österreichische Truppen die Revolution in Italien niederschlugen, kehrten die Soldaten mit stolz geschwellter Brust in ihre Heimat zurück und brachten das Wort *ciao* mit nach Hause. Die eingebildeten und hochnäsigen Offiziere sind damals scherzhaft als „Tschaus" bezeichnet worden. Als die Österreicher nach dem 2. Weltkrieg Italien als Urlaubsland entdeckten, haben sie den Gruß ein zweites Mal rückimportiert. Heute wird in der Jugendsprache manchmal an „tschau" noch ein i angehängt – ob das schön klingt, ist umstritten.

tschüs mit ü und ciao (tschau) mit au!
■ scherzhafter Abschiedsgruß

Na ja, dann tschüs mit ü und ciao mit au!! Bussi, Bussi!! Hab dich ganz doll mega viel und ur unendlich fest liebb!!!

Wos is mit du?? Gebts mir die CD! Tschüs mit ü tschau mit au! Frechheit!

„Tschüs" ist heute der klassische Gruß unter Jugendlichen des deutschen Sprachraums. Er wird in Österreich eher mit langem Vokal gesprochen und „tschüs", „tschüß" oder „tschüüs" geschrieben, manchmal auch zu „tschüsi" oder „tschüsili"

verlängert. In einigen Regionen Deutschlands ist hingegen auch ein martialisches „tschüss" zu hören (mit kurzem ü).
„Tschüs mit ü und tschau mit au!" ist eine von österreichischen Jugendlichen kreierte Verabschiedung unter Freunden, manchmal auch eine Aufforderung, zu verschwinden („sich ▷ vertschüssen").

Tussi

■ feste Freundin eines Burschen im Sinn von Anhängsel

Warum muss er wieder mit seiner Tussi daherkommen?

■ aufgetackeltes, hochnäsiges Mädchen

Diese Tussi glaubt, sie ist was Besseres als wir.

■ junge Frau, die sich nur nach der Mode richtet, um den Männern zu gefallen

Ich glaub, ich mutier zu einer Tussi. Gestern hab ich mir ein festliches Kleid gekauft und jetzt denke ich über künstliche Fingernägel nach. So French Manicure finde ich schon super schön. Leider habe ich auch gehört, dass die Nägel drunter leiden.

Der Ausdruck „Tussi" (Mehrzahl „Tussis", manchmal auch „Tussen") ist seit Mitte der 1970er Jahre gebräuchlich, wobei „Tussi" eine Abkürzung von Thusnelda ist. Der Ausdruck geht zurück auf eine Thusnelda, die wirklich existiert hat. Sie war Tochter des Cheruskerfürsten Segestes. Die Cherusker waren ein westgermanisches Volk am Beginn unserer Zeitrechnung, also vor nicht mehr und nicht weniger als 2.000 Jahren. Thusnelda ist im Zuge einer kriegerischen Auseinandersetzung entführt und in einem Triumphzug durch Rom geführt worden. Dabei hat sie viel Willensstärke bewiesen. Sie würde sich wahrscheinlich im Grab umdrehen, wenn sie wüsste, dass ihr Name in der Form „Tussi" einen negativen Klang bekommen hat. Oft wird eine Person wegen ihrer Bekleidung, wegen eines modischen Zubehörs oder wegen eines Verhaltens zur Tussi. Eine „Polo-Taschen-Tussi" trägt beispielsweise die Henkel-Taschen von Ralph Lauren, die unter der Markenbezeichnung Polo verkauft werden. Eine ▷ „Solarium-Tussi" bevölkert regelmäßig die Solarien und ist immer braun gebrannt.

Tussi-Tschick

■ Slim-Size-Zigarette für Frauen, zB KIM

Ich bin immer drauf und dran, größtmögliche Mengen Tussi-Tschick zu vernichten.

In diesem Fall ist „Tussi" nur schwach abwertend. Das Beispiel zeigt, dass der Begriff sogar von jungen Frauen mit Hang zur Selbstironie verwendet wird.

Tuttel-Bär, Tuttel-Boxer

■ Spitzname für bestimmte Motorräder von BMW

Dann muss ich wohl oder übel auf eine BMW-Boxer umsteigen! Deutsche Gründlichkeit (hochgeistige Blinkerbetätigung) gepaart mit heißer italienischer, freizügiger Erotik (Tuttel-, sprich Boxermotor) – fertig ist das Traumradl!

Wegen ihres Aussehens werden die BMW-Motorräder mit Boxermotor (R-Reihe) als „Tuttel-Bär" oder „Tuttel-Boxer" bezeichnet. Der in Deutschland gängige Ausdruck „Gummi-Kuh" oder „Kuh" ist stärker abwertend und in Österreich wenig beliebt.
„Tuttel" oder „Duttel" ist der österreichische Ausdruck für norddeutsch „Titte".

Tuttel-Bär – die beiden Zylinder des Boxermotors sind links und rechts typisch ausladend angeordnet

TXV

■ Textverarbeitung

Hallo! Na, host du grod TXV?! Mir is so fad. Fohrst du morgen mit auf Kierling und Christkindlmarkt? Bussal, baba, Karin.

Unterrichtsgegenstände werden gern abgekürzt, auch mündlich; so wird beispielsweise „Textverarbeitung" zu „TXV" abgekürzt.

U

übel(st)

■ besonders, sehr

Hob di voi übelst lüpp.

Der Film is übelst geil, schon von der Story her ...

Das Wort „übel" heißt normalerweise nur „ein unangenehmes Gefühl hervorrufend", „nicht so, wie es beabsichtigt war", „moralisch schlecht" etc. In der Jugendsprache wird „übel" aber als positiver Verstärker vor Eigenschaftswörter gesetzt, so wie ▷ „derbst" meist im Superlativ.
Das Wort „übel" hat im Mittelalter „böse, bösartig, boshaft, grimmig, schlecht" bedeutet. Heute wird es in der Jugendsprache sogar im Zusammenhang mit „ich hab dich lieb" verwendet.

über

■ besonders, äußerst

Die Homepage is so über geil, nur von jedem Team die Fotos fehlen noch!

Auch bei „über" handelt es sich um einen Ausdruck, mit dem Eigenschaftswörter verstärkt werden. Diese Praxis ist inzwischen sogar von den Jugendlichen in Amerika und in Großbritannien übernommen worden. Dort gilt naturlich die Schreibung „uber", denn Umlaute gibt es im Englischen nicht. Das Wort ist im amerikanischen und britischen ▷ „Leetspeak" in Zusammensetzungen wie „ub3r-leet", „ub3r-l337" oder „I am uber cool", „! @m UB3R c00l!" zu finden.
Auch das Wort „ist" hat sich in Amerika und in Großbritannien ausgebreitet, meist in Zusammenhang mit „tot": „The link ist dead!"

überbreit ▷ **breit**

uncool

■ ungut, unschön

Die Macho-Masche zieht nicht – absolut uncool!

Als unverbesserlicher Pessimist, Schwarzseher und Neurotiker verspüre ich gerade irgendwie den Drang, über ein uncooles Erlebnis aus meiner frühsten Kindheit zu berichten.

Das Gegenteil von ▷ „cool" ist „uncool". Der Ausdruck wird seit 1953 im Englischen in Jazzkreisen verwendet und ist später ins Deutsche entlehnt worden.

uppen (gesprochen: *appm*)

■ Daten auf eine Website hinaufladen

Sorry, habs zwar geuppt, aber der Server war schon voll, jetzt sollte es gleich gehen.

Hi, ich hab unser Video fertig gestellt und die „low res version" geuppt. Ihr könnt es hier downloaden. Die „hi res version" folgt in ein paar Tagen.

Der englische Ausdruck *to upload* (= hinaufladen, hochladen) ist ein Begriff aus dem Internetjargon. Bei einem „Upload" werden Daten von einem Computer zu einem Server übertragen. Den umgekehrten Vorgang nennt man *to download*, das dazugehörende Hauptwort ist *download*. Jugendliche haben das englische Zeitwort „uploaden" ins Deutsche entlehnt und den Regeln der deutschen Sprache angepasst. Nun heißt es „uppen": ich uppe, er uppt, ich habe geuppt ...
Die Herkunft des Ausdrucks *upload* ist nicht völlig geklärt. Vielleicht spielt der Gedanke eine Rolle, dass Daten zu einem Satelliten hinaufgesendet werden. Ein anderer Ansatz ist, dass der eigene Computer als eine untergeordnete Einheit in einem großen Netzwerk gesehen wird.

ur(-)

■ sehr (verstärkend bei Eigenschaftswörtern)

Hi! Wenn ich mir die Oberschenkel rasiere, bekomme ich lauter rote Punkterln, und das schaut dann urgrindig aus!

Urcool. Urfett. Urgeil. Urblad. Urteppat. Urgrindig. Ursupa. Urnett. Urkitschig. Urkomisch. Wien is uranders.

■ äußerst, ganz besonders (verstärkend bei Zeitwörtern)

Freu mich ur für dich, dass du die Nachprüfung in D geschafft hast.

■ groß (verstärkend zu Hauptwörtern)

Unsere Klasse ist sooo kuhl! So viel ▷ Shice-Aktionen hab ich noch nie gesehn! Jede Stunde kriegen wir ur Anschiss, weil die Hawara NIE still sind.

Die Vorsilbe „ur" wird in der Jugendsprache primär dazu verwendet, um Eigenschaftswörter zu verstärken, womit ihr die Bedeutung „sehr" zukommt. Derartige Wortbildungen haben in der deutschen Sprache eine lange Tradition, man denke nur an „uralt" (= besonders alt), das bereits seit dem 8. Jahrhundert existiert, „urleicht" (= ganz leicht), schon im 16. Jahrhundert belegt, oder „urplötzlich" (= ganz plötzlich). Neu ist lediglich die große Verbreitung dieser Vorsilbe.
Hinzu kommt, dass in der Jugendsprache „ur" auch dazu verwendet wird, um Zeitwörter zu verstärken; in diesem Fall hat es die Bedeutung „äußerst, ganz besonders".
Die dritte Verwendungsmöglichkeit ist die Verstärkung eines Hauptwortes. Auch hier hat „ur" eine lange Tradition vorzuweisen: „Urgroßmutter" (= die der Großmutter „vorhergehende" Mutter), „Urahn" (= in diesem Fall mit der Bedeutung „anfänglich"), „Urviech" (= origineller Typ), „Urwiener" (= ganz typischer Wiener) etc.

ure

■ sehr (verstärkend, aber als eigenständiges Wort)

Diese Katzen sind zwar nicht meine, aber ure süß.

Hy, Bruder, find des ure geil, mit dir über Snowboarder zu reden, weil die meisten hier haben eh keine Ahnung davon.

Wenn „ur" nicht als Vorsilbe verwendet wird, sondern als eigenständiges Wort vor einem Eigenschaftswort steht, kann es auch die Form „ure" annehmen. Die Verwendung vor einem Hauptwort ist selten, am ehesten hört man noch „der ure Hammer" und „der ure Fuck".

urest

■ ganz besonders (eine Art Superlativ von ure)

Hab di dann nimma gfundn, wo warst du? Ich hab dich urest lang gsucht!

War gestern fort, es war urest geil!

Bussale! Hab di urest vü liab!

„Ur, urer, urest" – so kann man das Wort „ur" steigern. Der Komparativ ist selten anzutreffen, der Superlativ „urest" hingegen scheint in der Jugendsprache gerade in Mode zu kommen. Ob ein Zusammenhang zu dem vor allem in der Schweiz gebräuchlichen Eigenschaftswort „ur", „ure", „urig" (= wild, stürmisch, unwirsch, grob, unartig, zornig) besteht, ist mehr als fraglich. Das Grimm'sche Wörterbuch zitiert eine spottende Steigerung der Vorsilbe „ur" in einem Text von Johann Scherr aus dem 19. Jahrhundert: „ur-, urer-, urestdeutsch".

urnicht

■ überhaupt nicht

Ich mag das urnicht, wenns wo blutet ... Igitti!!

Hmm ... Weiß urnicht, was ich schreiben soll!!

Die Vorsilbe „ur-" kann vereinzelt auch zu einer Verstärkung von „nicht" verwendet werden, das bedeutet dann so viel wie „überhaupt nicht".

V

verpeilen

■ vergessen, verschwitzen

Ich hab doch voll verpeilt, mich anzumelden.

■ verwirren

„Verpeilt" is, wenn man nichts mehr checkt.

Ich bin verpeilt, tollpatschig und manchmal auch verwirrt.

■ verzerrt, verschwommen, schlecht übertragen

Ach ja, das Pic sieht n bissl verpeilt aus.

Das Zeitwort „verpeilen" drückt so ziemlich genau das Gegenteil von ▷ „peilen" aus.

verraffen

■ verschwitzen, vergessen

Hi, Mausi! Alles Gute zum Geburtstag, nachträglich! Habe das voll verrafft, sorry!

■ verwirren

Scheiße, bin ich verraft! Wo gehts zum Nordpol? O weh!

■ verpatzen

Ich habs grad voll verrafft, hab mir die Message selbst geschickt!

■ verabsäumen

Boah, ich hab mi soooo gfreut, dass de mir gschrüübn hasch. Ich würd au voll gern gehn, aber habs bis jetzt verrafft, mir ne Karte zu besorga.

■ zerzausen

Meine Frisur ist vielleicht verrafft, dafür ist euer ganzes Auftreten total daneben ... Aber das wisst ihr ja?!?!

Das Zeitwort ▷ „raffen“ bedeutet „begreifen, verstehen“, das davon abgeleitete „verraffen“ im Grunde genommen das Gegenteil, wobei die Bedeutungsschattierungen von „verschwitzen, vergessen“ bis „verabsäumen“ und „zerzausen“ reichen. „Ich bin verrafft“ heißt „ich bin verwirrt“.

sich vertschüssen
■ (sich) verabschieden

Ich werd mich jetzt vertschüssen, weil ein ▷ leckerer Obstsalat, ein warmes Bettchen und ein Wecker, der um 4 Uhr läuten wird, auf mich warten.

■ abhauen, verschwinden

Sag ihm, er soll sich vertschüssen, i will ihn nimma sehn.

Hier handelt es sich um das Zeitwort zu „tschüß / tschüss“. Obwohl der Gruß in Deutschland entstanden ist, lässt sich als Herkunftsort von „vertschüssen“ eindeutig Österreich ausmachen. Der Ausdruck wird auch heute noch in Österreich viel häufiger verwendet als in Deutschland, breitet sich aber ganz offensichtlich gegen Norden aus.
So erzielt man bei google.at und „Seiten aus Österreich“ rund 1.000 Treffer, bei google.de und „Seiten aus Deutschland“ nur 600 Treffer – und das obwohl Deutschland rund 10 Mal so groß wie Österreich ist. Interessant ist auch, wie die Suchmaschine reagiert, wenn man „vertschüssen“ auf deutschen Webseiten sucht: „Meinten Sie: verschissen?“
Dass der Ausdruck „vertschüssen“ in Deutschland noch als „österreichisches Lehnwort“ empfunden wird, zeigt eine Passage aus dem in Wien im Juli 2005 dargebotenen Programm des Münchner Kabarettisten Michael Mittermeier: „Habt ihr in Österreich auch eine eigene Sprache im Internet? Statt ‚delete‘ vielleicht ‚vertschüss dich‘?“

voi, fui, voll
■ äußerst stark, sehr

Du gehst ma voi aufn Keks. I hab scho imma gwusst, dass du voi deppat bist, und hier haben wir jetzt den Beweis.

Ich hab dich voll gern, weil du immer gut drauf bist!!

■ Fall

I kumm auf jeden voi!

Der verstärkende Ausdruck „voll" (mundartlich: „voi") erfreut sich zurzeit großer Beliebtheit.
Das Wort „Fall" ist in der Lautform ident mit „voll". Bei einer durchgängigen Kleinschreibung wird auch „voi" im Sinne von „Fall" kleingeschrieben – ein Sprachspiel.

voigas
■ besonders

Oiso mia hod da Ball voigas guat gfoin! De Mittanachtseinlage woa a so cool!

Ma, i gfrei mi scho voigas, nua der Scheiß is, dass i nua 1 Tog untn sein werd.

■ das Maß überschreitend, ausschweifend

Ma, gangat jetzt am liabstn nu voigas fuat!

■ voigas geben (= auf vollen Touren laufen)

Die CD is da und gibt scho voigas.

Neben „voi" wird auch „voigas" gern verwendet. Der Ausdruck dient zur Verstärkung von Eigenschaftswörtern und Zeitwörtern. Manchmal wird der Buchstabe a vervielfacht: „Voigaaaas!!

W

wach ▷ weich

die Wadln sagen servus

■ vom Gehen, Laufen, Wandern müde sein

Jetzt sind wir 5 Stunden bergauf bergab marschiert und meine Wadln sagen servus.

Die Wendung „Meine Wadln sagen servus" bedeutet „Ich bin müde vom Gehen, die Füße tun mir weh". Gemeint ist: „Die Wadln lassen grüßen, die Wadln haben sich verabschiedet, sind nicht mehr funktionstüchtig." Oder anders ausgedrückt: „Ich kann nicht mehr!" (▷ „seas")

Was ist mit du?

■ scherzhaft für „Was ist mit dir?"

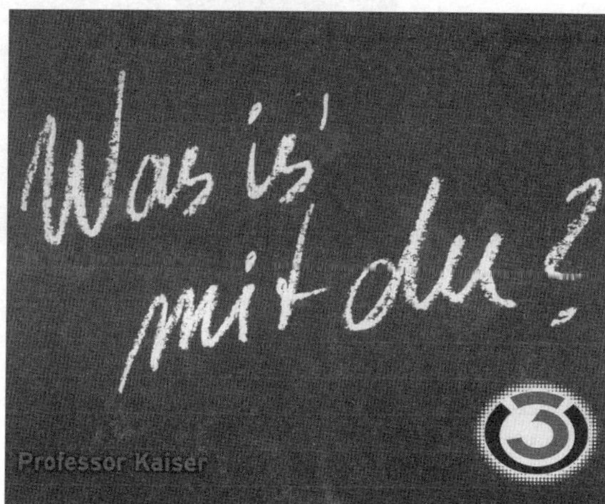

Cover der CD von Gernot Kulis und Lukas Rupp

Was ist mit du!!!!! Lebst du noch???

Hi Oide! Was ist mit du???? Schon lange nix mehr gehört von dir! Aber jetzt gibts eh mal a gscheite Party!!!!!

Der Satz stammt aus der Ö3-Comedy-Rubrik „Prof. Kaiser". Die von Gernot Kulis konzipierten Beiträge sind im Jänner 2002 im Ö3-Wecker erstmals auf Sendung gegangen. Im Juni 2003 hat Gernot Kulis alias Prof. Kaiser mit seinem Schüler Mayerhofer (Lukas Rupp) die heimischen Musikcharts gestürmt. Der Hit „Was is' mit du" ist nach 20.000 verkauften Stück mit Gold sowie mit dem Amadeus Award für die beste Single des Jahres ausgezeichnet worden. Der grammatikalisch falsche Satz, pikanterweise aus dem Mund eines Lehrers, ist ein geflügeltes Wort geworden, besonders unter Schülern (▷ „Ich danke Sie"). Auf ähnliche Weise ist in Deutschland der von Verona Feldbusch geprägte Satz: „Da werden Sie geholfen!" zum Kultspruch avanciert.

Wäschetrockner

■ Heckspoiler

Mit dem Wäschetrockner hinten drauf ist das Auto einfach schirch.

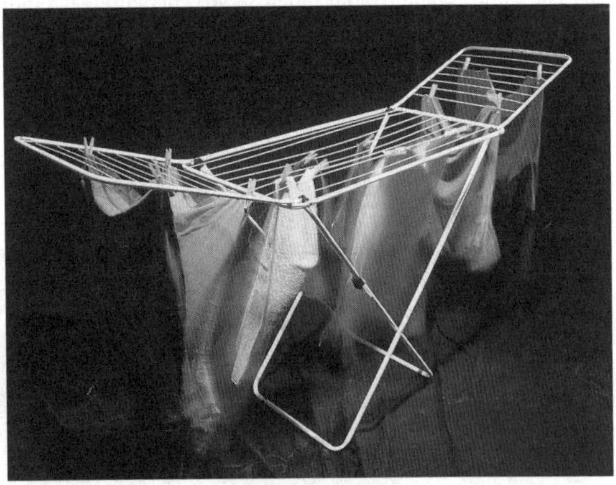

Klappbares Gestell zum Trocknen von Wäsche

Den Spoiler am Heck eines Autos nennt man scherzhaft „Wäschetrockner". Hier wird ein Vergleich zu einem klappbaren Gestell für das Trocknen von Wäsche gezogen. Der Gedanke, dass man am Heckspoiler eines Autos Leiberln, Unterhosen und Socken trocknet, ist originell und unterstreicht den abwertenden Charakter des Ausdrucks.

wau

■ Ausruf der Anerkennung

He, voi voi voi fesche Hoar host, hob i da des eh scho gsogt, wau, einfoch voi supi.

Wau, schönes Möbel! Mit Sicherheit nicht leistbar für mich.

Dieser Ausruf der Anerkennung ist eine Eindeutschung des englischen Wortes *wow*. Der erste englische Beleg reicht ins Jahr 1513 zurück und ist schottischer Herkunft.
Inzwischen ist im Englischen *wow* auch als Hauptwort mit der Bedeutung „Bombenerfolg, großartige Sache" und als Zeitwort mit der Bedeutung „beeindrucken, begeistern" geläufig. Das Bellen eines Hundes wird im Deutschen ebenfalls mit „wau" wiedergegeben.

WE

■ Wochenende

Nächstes WE schaut schlecht aus bei mir ... Unter der Woche würd sichs entweder am Montag, Mittwoch oder Donnerstag nach 18.00 ausgehn.

Das Wort „Wochenende" wird in Chats und in Foren meist zu WE abgekürzt, bei konsequenter Kleinschreibung „we".

sich wegschmeißen vor Lachen

■ sich totlachen

Habts ihr den gsehn, der Ballett tanzen wollt?? Aaaaah, ich hab mich weggschmissen vor Lachen, wie er sich die Strumpfhosen anzogn hat ... Ich habs ziemlich lässig und hm ... interessant gfunden.

„Sich wegschmeißen vor Lachen" ist einer von zahlreichen Ausdrücken für „sich totlachen". Die Phrase stammt aus Deutschland.

weich

■ high, durch Drogen oder Alkohol berauscht

Gestern bin i botzwach gwesen

Die gehobene Stimmung nach dem Genuss von Rauschgift oder Alkohol wird in Österreich als „weich" bezeichnet, in der Mundart „wach". Seit alten Zeiten bedeutet der Ausdruck „bladlwach" so viel wie „stockbetrunken", „botzwach" bedeutet wörtlich „weich wie ein Apfelbutzen" (= wie das Gehäuse eines Apfels); gemeint ist wohl das eingeschränkte Denk- und Reaktionsvermögen nach einem Drogen- oder Alkoholkonsum (vgl. „wach in der Birn") .

Weißkappler ▷ Schwarzkappler

wetzen

■ laufen, (schnell) fahren

Seids ihr ▷ Gatschhupfer oder eh SMs? Wohin wetz ma? Bei mir gehts aber immer nur am Wochenende (Scheiß Uni).

■ Sex haben, miteinander schlafen

2 Kater sind auf dem Weg zu einer ▷ rolligen Katze, da treffen sie zufällig einen jungen Kater: „Wo geht ihr denn hin?" Darauf einer der beiden: „Wir gehen wetzen!" und grinst. Der Kleine: „Darf ich mitgehen?" – „Ja, warum nicht." Beim Garten angekommen, klettern sie über den Zaun und schleichen auf ein offenes Fenster zu, aus dem die Stimme der rolligen Katze zu hören ist. Als sie nur noch wenige Meter haben, schießt ein Dobermann ums Eck und die 3 Kater beginnen ums Haus zu laufen, der Dobermann immer hinterher. Bei der 3. Runde meint der kleine Kater: „Eine Runde wetz ich noch mit, aber dann muss ich heim."

Das Zeitwort „wetzen" bedeutet im wörtlichen Sinn „schärfen", ein „Wetzstein" ist ein Stein zum Schleifen eines Messers. Daraus hat sich dann die Bedeutung „beim Sitzen hin- und herrutschen" gebildet. In der Jugendsprache bedeutet „wetzen" entweder „laufen, (schnell) fahren" oder „Sex haben".

Wichser, Wixer, Wixi

■ ein Schimpfwort

He, es Wichser! Hobs mi alloa in Zell lossn, hiats bin i zum Bus gonga und bin in da Telefonzelle eingschloffn, es verfickten Wichser!!

Was, bist deppat, du Bopsch? Ich hob gar nix mit Techno erwähnt, aber bist trotzdem a Wixi!

Das Zeitwort „wichsen" ist verwandt mit „Wachs". Die ursprüngliche Bedeutung war „mit Wachs bestreichen", dann „Schuhe putzen". Die schnellen Handbewegungen beim Schuheputzen haben zu einer Bedeutungsausweitung geführt; heute heißt „wichsen" auch „sich mit der Hand befriedigen, onanieren". Das davon abgeleitete „Wichser", „Wixer" oder „Wixi" ist ein Schimpfwort, das seinen Ursprung in Deutschland hat, inzwischen aber auch in Österreich von Jugendlichen verwendet wird.
Ein „Wichser" ist „jemand, der häufig onaniert und keine Sexualbeziehungen hat". Dabei schwingt folgender Gedanke mit: „Dieser Typ ist so ungut, dass er keine Frau findet, die mit ihm schläft."
Der Liedermacher Georg Danzer hat den Bedeutungsumfang des Ausdrucks in seinem „Legendären Wixerblues vom 7. Oktober 1976" auf den Punkt gebracht: „I hob ka Freindin, / I hob ka Frau. / Hob bei de Weiba, / den Dauerhau. / Auf mi steht kane, / ja kruzifix! / Wos soll i mochn? / I wix, sunst nix."
Das Wort wird abwertend von Männern gegenüber Männern verwendet, aber

auch von Frauen gegenüber Männern im Sinn von „Alle Männer sind Schweine!" (▷ „Flachwichser").

einen Willi machen

■ ein Motorrad so fahren, dass die Vorderräder in der Luft und die Hinterräder am Boden sind

Hupfen is fad, einen „Willi" machen, des sieht stark aus!

Der Ausdruck „Willi" ist eine eingedeutschte Form des englischen Wortes *wheelie*, von *wheel* (= Rad). Man stellt die Maschine wie ein scheuendes Pferd auf die Hinterbeine, ein klassisches Imponiergehabe.
Das Gegenteil ist ein „Stoppi" – die Vorderräder sind auf dem Boden, die Hinterräder in der Luft.

Wirtshaus zum Goldenen M ▷ **Gasthaus zum Goldenen M**

Wucki

■ ein Kosewort

He, Schnucki-Wucki-Puppi-Mucki ...

„Wucki", und vor allem „Schnucki-Wucki", dient als Kosewort oder als Spitzname.

wucki-wucki

■ verrückt, aufgeregt

Ich glaub, die Außerirdischen haben ihn eines Nachts entführt und total wucki-wucki zurückgebracht.

Werd noch wucki-wucki bei dem Wetter!

Eher ned, sonst wird er noch ganz wucki, wenn er dort Heimleiter wird und die vielen Frauen sieht.

Motorsportlich gibts große Pläne, die mich ganz wucki machen. Zu viele Worte will ich darüber aber nicht verlieren.

Das Wort „wucky" (= verrückt, belämmert) ist von einigen Generationen österreichischer Schüler verwendet worden und dann in Vergessenheit geraten. Jetzt scheint es eine neue Konjunktur zu erleben, vor allem in der verdoppelten (und damit verstärkten) Form „wucki-wucki" – es passt gut zur üblichen Internetdiktion. Die Herkunft des Ausdrucks ist ungeklärt.

wuschig

■ sexuell erregt, gierig nach Sex

Ja, sooo fesch – immer wenn ich an ihn denk, werd ich schon ganz wuschig!!

Also ich muss mich jetzt outen: So richtig wuschig werd ich erst, wenns so richtig wuchert da unten. Am besten ists, wenn man sie zu Zopferln flechten kann.

■ verrückt (im Kopf)

Das mein ich ja ... Ihr machts mich ganz wuschig, aber die Rache kommt gleich: US-Forscher wollen in einer Studie jetzt herausgefunden haben, dass Frauen mit großer Oberweite intelligenter sind!

■ Kopfweh haben

Meine Güte, is mir heut wuschig im Kopf!

Glaub i brüt wos aus ... Mir isses gaunz wuschig-dämmerig, Huastn, Schnupfn, Heiserkeit ... Werd mi heit mit Vitamin C voistopfn.

Das aus Deutschland kommende Wort „wuschig" bedeutet so viel wie „begierig nach sexuellem Kontakt". Es kann auch im Sinn von „Kopfweh haben" gebraucht werden. Der Ausdruck breitet sich zurzeit auch stark in Österreich aus.

X

XTC

■ Ecstasy

Glaub mas ... I hätt genug Geld für XTC, nur i gebs hald net für so nen Scheiß aus!

Was sagt der Raver, wenn das XTC aufhört zu wirken? – Was ist das für eine scheiß Musik!

Die Abkürzung „XTC“ für „Ecstasy“ stammt aus dem angloamerikanischen Raum. Wenn man x, t und c im Englischen buchstabiert (*ex, ti, si*), kommt man annähernd zur Lautform des Wortes *ecstasy*. Manchmal wird XTC auch als Grußformel zur Verabschiedung verwendet; dann ist „Exstase“ im erotischen Sinn gemeint. Ein beliebter Spruch lautet: £îÊbé î$t wîé XtC · · $ø LañgÊ $îÊ WîrKt (▷ „Leetspeak“). Bei Ecstasy handelt es sich um eine synthetische Droge. Ecstasy ist einer der Namen für die chemische Substanz MDMA, ein Amphetamin. Es wirkt im Gehirn stimmungsverändernd, dämpft gleichzeitig Hunger, Durst und Müdigkeit. Neben MDMA haben eine ganze Reihe weiterer Phenylethylamine eine vergleichbare Wirkung. Seit Mitte/Ende der 1990er kommen häufig andere Wirkstoffe oder ganze Cocktails anderer Wirkstoffe in den als Ecstasy verkauften Pillen vor.
Der Konsum von Ecstasy ist vor allem in der Szene der elektronischen Musik (Techno etc.) verbreitet. Hier ist Ecstasy nicht nur als XTC, sondern auch als „E“, als „die Pillen“ oder als „Runde“ bekannt.
In die meisten Tabletten werden „Markenzeichen“ eingepresst wie Vögel, Herzen, Delphine, Schmetterlinge oder (Auto-)Firmenembleme. Da sie leicht kopiert werden können, geben diese „Markenzeichen“ keinen verlässlichen Hinweis auf die Wirkung oder die Inhaltsstoffe. Seit Anfang der 2000er Jahre ist immer wieder auch ‚reines‘ (i. d. R. 70- bis 90 %iges) MDMA in Pulverform aufgetaucht. Die schwankenden Dosierungen sind besonders problematisch.

y

yep, yup

■ ja

Hey Dani, yep, endlich is vorbei. Hhmm, jo i kauns echt ned sogen, Mathe wor scho a bledes Beispiel, des homa so in dera Form nie durchgmocht ghobt ... Loss ma uns überraschen, abwarten und Tee trinken.

Yup, bin heid a so fruah aufgstaundn und hob a boar Blumen pflückt und a Frühstückszeig vorbereitet.

Die im angloamerikanischen Raum gängigen Slangformen von *yes* (= ja) sind *yeah*, *jep* und *yup*. Die Form „yeah" kommt auf österreichischen Websites am häufigsten vor, sicher haben die Beatles mit ihrem Hit „She Loves You" (1963) zur Verbreitung des Ausdrucks im deutschen Sprachraum ganz wesentlich beigetragen. Neueren Datums ist die starke Verbreitung von *yep* (21.000 Treffer) und *yup* (7.000 Treffer) auf österreichischen Websites.
Eine Slangform von *no*, die auch im deutschen Sprachraum häufig zu hören und zu lesen ist, lautet „nope".

Z

zach (gesprochen: *zaach*)

■ lustlos, träge

Bin scho wieda sau zach, na ja, gute Nacht.

■ besonders, sehr

Hab di voi mega zach lieb.

Vamiss di voi zach vü.

Der Ausdruck „zäh" wird umgangssprachlich in Österreich und im ganzen Süden des Sprachraums zu „zach". Die Entwicklung des Auslauts ist nicht ungewöhnlich. So hat es auch im frühen Mittelalter das Wort *nah* gegeben, und aus der Bedeutung „nahe bei" ist dann unser heutiges „nach" (= unmittelbar danach) geworden.
Im allgemeinen Sprachgebrauch beschreibt man mit „zach" (= zäh) die Beschaffenheit eines Materials oder einer Flüssigkeit. Ein „zacher Bursch" ist ein Mann, der aufgrund seiner physischen oder psychischen Verfassung mit Belastungen gut zurechtkommt. Außerdem kann eine Schulstunde, eine Arbeit, eine Unterhaltung, ein Urlaub (zB mit den Eltern) „zach" sein – das bedeutet so viel wie „mühsam, langsam vorankommend, schleppend".
In der Jugendsprache hat „zach" eine neue Bedeutung bekommen. Wenn eine Schulstunde oder eine Unterhaltung „zach" sein kann, warum nicht auch eine Person? Demnach wäre dann „ein zacher Typ" so viel wie ein „mühsamer Typ". Gehen wir einen Schritt weiter, dann landen wir bei der derzeitigen Hauptbedeutung in der Jugendsprache, nämlich „lustlos, träge". Demnach bedeutet „Ich bin heut zach!" so viel wie „Ich bin lustlos!", manchmal auch „Ich will nichts mehr unternehmen!", „Ich bleib zu Hause!"
Außerdem kann „zach" auch als Verstärker im Sinn von „besonders" verwendet werden. Es reiht sich damit in eine große Zahl gleich bedeutender Wörter wie „mega", „supi", „voi" etc. Fasst man die vielfältigen Verwendungsmöglichkeiten von „zach" ins Auge, so nimmt es nicht wunder, dass Erwachsene aus den Dialogen der Jugendlichen dauernd das Wort „zach" heraushören ...

zapfen

■ prüfen

Und donn muaß i Bio lernen, moagn weat gezapft!

Ich hab meinen Fleck vor 3 Wochen hochverdient bekommen, aber ein Kollege, der wirklich Plan von EMT (Elektrische Messtechnik) hat, ist bei der mündlichen Prüfung anscheinend auf nicht genügend gezapft worden.

■ Daten herunterladen

Vor kurzem hab ich die Fotos von meiner Digicam runtergeschaufelt. – Wann hast du sie gezapft?

Ja, hab grad a Lied gezapft und die sind nit schlecht! Bis dann, Bussl!

Habt ihr die richtigen Treiber, kommt die restliche Software dran. Ebenfalls frisch aus dem Netz gezapft. TV-Software, die Radiosoftware, ein Modul für Videotext und ein Programm für die Infrarotfernbedienung.

Das Wort „zapfen" wird ursprünglich für das Füllen eines Bierglases an der Schank oder für das Betanken eines Autos an der Zapfsäule verwendet. Auch bei der Blutabnahme wird das Wort verwendet. Außerdem heißt „zapfen" in der Schülersprache „prüfen", eine „Prüfung" ist ein „Zapf". In der EDV-Sprache bedeutet „zapfen" so viel wie „Daten herunterladen".

zappen

■ rasch die Sender wechseln, durch Kanäle schnell durchschalten

Im Auto hör ich fast immer CDs oder ich zapp mich durch die anderen Sender durch.

Ab und zu zapp ich in gute Dokus hinein und bin dann schwer am Schauen.

Je nach Geschmack zappt man sich in die Lieder hinein oder wieder weg.

Das Zeitwort „zappen" kommt von englisch *zap* (= jemanden abknallen) und ist ein Vokabular aus Wildwestzeiten. Heute heißt in der Umgangssprache „zappen" so viel wie „im Autoradio die Sender in schneller Folge wechseln" und „am TV-Gerät die Kanäle in schneller Folge wechseln", wobei auch die Varianten „sich durchzappen", „hineinzappen", „wegzappen" vorkommen. Wer das tut, ist ein „Zapper". Der Ausdruck wird inzwischen auch schon von Erwachsenen recht oft verwendet. Ein Programm des bayerischen Kabarettisten Michael Mittermeier trägt den Titel „Zapped! Ein TV-Junkie dreht durch." Es ist in einer Österreich-Version im

Jahr 1999 herausgekommen. Auf dem Cover findet sich das Logo: „PARENTAL ADVISORY. EXPLICIT ÖSI-MATERIAL".

Zivi

■ Zivildiener

Also ich war Zivi, da das BH die sinnloseste Einrichtung ist, die je erfunden wurde (außa da Katastrophenschutz, aber dazu brauch ma ka Heer).

Wer „Zivildienst" (= Wehrersatzdienst) leistet, wird in Österreich offiziell „Zivildiener" genannt, mit der umgangssprachlichen Kurzform „Zivi". In Deutschland offiziell: „Zivildienstleistender", umgangssprachlich „Zivildienstler" oder ebenfalls „Zivi".

Zuckerl

■ LSD

Zuckerl (= Süße = Acid = LSD), Runde (= ▷ XTC) sind „Insidernamen" aus meinem Freundeskreis – so wie Grünes oder Braunes für Weed und Dope.

Der Ausdruck „Zuckerl" ist typisch für das österreichische Deutsch, weiter im Norden des Sprachraums ist er unbekannt. Gemeint sind Süßigkeiten jeder Art, im übertragenen Sinn bedeutet „Zuckerl" so viel wie „besondere Vergünstigung, Draufgabe". In der Drogenszene wird „Zuckerl" als Deckname für LSD verwendet.

zudröhnen

■ (sich) mit Alkohol, Drogen, Schmerzmitteln betäuben

Sorry, dass ich mich etwas später melde, aber ich hab mich mit dem Glas Sekt zugedröhnt und musste erst mal wieder nüchtern werden.

Ich hab noch zwei Mal Bong geraucht! Wow, ich war sooo was von zugedröhnt!

Es tut weh, und deshalb hab ich mich auch schon wieda mit Schmerzmitteln zugedröhnt.

■ mit lauter Musik, Werbung etc. bombardiert (und betäubt) werden

So findet man kaum ein Eck, in dem man nicht mit übermäßig lauter Musik zugedröhnt wird.

Na ja, ich hab ja noch meine CDs und meine MP3s, die im Notfall herhalten müssen, weil von Werbung wird man eh die ganze Zeit zugedröhnt.

Der Ausdruck „zudröhnen" ist aus Deutschland nach Österreich gelangt. Es geht um jenen Zustand, der durch Alkohol, Drogen oder Schmerzmittel herbeigeführt wird. In einer weiteren Bedeutung geht es um ein Bombardement aus Musik, Werbung etc. Neben „zudröhnen" ist auch „volldröhnen" in Gebrauch, doch kommt „volldröhnen" in Österreich seltener vor.

zulabern

■ mit Gerede überhäufen, zuschütten

Sorry, dass ich dich vorher so zugelabert hab.

Das Wort „labern" bedeutet „sich wortreich über belanglose Dinge auslassen" und breitet sich von Deutschland Richtung Süden aus. Es handelt sich um eine Ableitung zu dem in Deutschland regional verbreiteten Hauptwort „Labbe" (= Mund, vorgeschobene Lippe). Die Vorsilbe „zu-" ist eine Verstärkung.

Sind Sie up to date?

Fragebogen
(nach einer Idee von Engelbert Horwath)

(1) Von welchem MTV-Sendungstitel ist der Ausdruck „aufpimpen" abgeleitet?

(a) Pimp My Gun
(b) Pimp My Ride
(c) Pimp My Stride
(d) Pimp My Song

(2) Was versteht man unter „Brüllwürfel?

(a) eine deutsche Hip-Hop-Band
(b) ein schreiendes Kleinkind
(c) kleine Lautsprecherbox von schlechter Qualität
(d) Scherzartikel, der einen Schrei von sich gibt

(3) Was bedeutet „alles roger in Kompocha"?

(a) alles recht billig
(b) alles okay
(c) alles im Arsch
(d) alles vertrottelt

(4) Wen oder was kann man nicht als „Kantn" bezeichnen?

(a) zänkische Frau
(b) Könner
(c) Zweirad von KTM
(d) Muskelprotz

(5) Was beutet im Internet die Abkürzung „we" (auch: „WE")?

(a) wasst eh
(b) du Weh
(c) Wochenende
(d) wichtiges E-Mail

(6) Was bedeutet „plenken"?

(a) provozieren
(b) mit dem Motorrad die Leitplanke streifen
(c) falsches Leerzeichen setzen
(d) ein Zweirad aufmotzen

(7) Was ist ein „Prolotoaster"?

(a) billiges Toastgerät
(b) braun gebrannter Typ
(c) Kebab-Sandwich
(d) Solarium

(8) Welcher männliche Vorname wird heute manchmal an Stelle von „Oida" (= Alter) verwendet?

(a) Fritz
(b) Kunibert
(c) Eugen
(d) Detlev

(9) Was bedeutet „rollig"?

(a) sexgeil
(b) dickleibig
(c) lachhaft
(d) alkoholisiert

(10) Was bedeutet „chiggen"?

(a) Chicken McNuggets essen
(b) rauchen
(c) sich chic machen
(d) sich wie ein Huhn fortbewegen

(11) „Nickpage" ist ...

(a) der Gitarrist einer Heavy-Metal-Band
(b) eine kleine Homepage bei einem Provider
(c) engl. für „Peitschenschlagsyndrom"
(d) der Spitzname eines Darstellers in „Sex and the City"

(12) Was bedeutet „FeF"?

(a) Freund eines Freundes
(b) Feh-Taschentuch
(c) Fehleranzeige ist falsch
(d) fickt euch selbst

(13) Was bedeutet „lollig"?

(a) du bist ein Schleckermäulchen
(b) das ist zum Lachen
(c) das erinnert mich an Kojak
(d) du bist sexgeil

(14) Was ist im Internet ein „Troll"?

(a) dummer Mensch
(b) kleiner Mensch
(c) Provokateur
(d) altmodischer Typ

(15) Wem kann man zutrauen, dass sie / er „einen Willi macht"?

(a) Hermes Phettberg
(b) Christiane Hörbiger
(c) Gerti Senger
(d) Roland Düringer

(16) Was ist kein Getränk?

(a) Gummibärli
(b) Rüscherl
(c) Flügerl
(d) Arschgeigerl

(17) Was bedeutet „einflecken"?

(a) einen Fünfer bekommen
(b) sich anpatzen
(c) sich betrinken
(d) Stoff aufnähen

(18) Was ist ein „Arschgeweih"?

(a) hässlicher Mensch
(b) Motorradlenker
(c) Tatoo oberhalb des Steißbeins
(d) Getränk

(19) Was bedeutet im Internet die englische Abkürzung „afk"?

(a) bin wieder da
(b) hab Softwareprobleme
(c) bin müde
(d) bin kurz weg

(20) Was ist keine Bezeichnung für McDonald's?

(a) Mäci
(b) Schachtelwirt
(c) Donald Duck-Kantine
(d) Gasthaus zum Goldenen M

(Richtige Lösungen: S. 186)

Haben Sie weniger als 5 Fragen richtig beantwortet, sollten Sie sich ein bisschen mehr mit Jugendlichen beschäftigen, vielleicht sogar mit Ihren eigenen Kindern. In den Augen der Kids sind Sie nicht wirklich kompetent und fallen daher als Ansprechpartner aus. Sofern Sie Ihren Kindern ausreichend Taschengeld zahlen, gibt Ihnen dieser Status aber auch wesentlich mehr Zeit, Ihren eigenen Hobbys zu frönen.

Haben Sie 5 bis 10 Fragen richtig, sind Sie Durchschnitt. Sie werden zwar immer noch nicht oft um Rat gefragt, die Kids trauen Ihnen aber in einfachen Dingen Kompetenz zu. Beispielsweise dürfen Sie frei über die Wahl des Abendessens entscheiden, solange Sie es allein essen.

Haben Sie 10 bis 15 Fragen richtig (ohne dieses Buch vorher gelesen zu haben), so gehören Sie zu jener kleinen Gruppe von Menschen, die von Kids im Park um Rat gefragt werden, Ihre eigenen Kinder verweigern trotzdem alle Gespräche, in denen Sie mit Ihrem Fachwissen auftrumpfen wollen. Die Bezahlung von Handy-Rechnungen oder Schuheinkäufen wird allerdings gern gesehen.

Haben Sie 15 bis 20 Fragen richtig, sollten Sie sich bei „Willkommen Österreich" als Ratgeber für Jugendprobleme bewerben.

Beispiele für Musikrichtungen

Die Popmusik hat sich in den letzten Jahrzehnten in die verschiedensten Genres aufgesplittert. Es ist schwierig, allgemein akzeptierte Kategorisierungen vorzunehmen. Ausführliche Beschreibungen, ja sogar „Stammbäume", sind in dem freien Internetlexikon „Wikipedia" auf www.de.wikipedia.org zu finden.

Hier werden nur die wichtigsten Begriffe erläutert, vor allem jene, die in den Textbeispielen vorkommen.

Crossover: Musik, die eine Verschmelzung verschiedener Genres der Popmusik darstellt.

Dancefloor (auch: „Eurodance"): gefällige elektronische Tanzmusik, in den 1990er Jahren von MTV, Viva und Bravo stark gefördert; als Pionier des Eurodance gilt die deutsche Gruppe „Snap!" mit „The Power".

Heavy Metal: Ursprünge im Hardrock der 1970er Jahre; bekannte Vertreter der Anfangszeit: Black Sabbath, Judas Priest, Iron Maiden; Spielarten sind Classic Metal, Death Metal, Thrash Metal, True Metal, Power Metal etc.

Hip-Hop: hat seine Wurzeln in der Soul- und Funkmusik; der „Rap" (= Sprechgesang), das „Scratchen" und das „Samplen" zählen zu seinen Wesenselementen; Hip-Hop ist auch eine spezielle Jugendkultur.

House: in den 1980er Jahren in Chicago entstanden, Weiterentwicklung des Disco-Sounds; wird manchmal auch als Spielart des Techno betrachtet, ist aber deutlich langsamer.

Punk: hat sich Anfang der 1970er Jahre in London und New York entwickelt, minimale Instrumentierung und einfache Akkorde, meist übersteuerte Gitarren und hohe Taktgeschwindigkeit; Punk ist auch eine spezielle Jugendkultur; bekannte Vertreter der Anfangszeit: Sex Pistols, Ramones.

Rave: große Partyveranstaltungen, auf denen alle Arten von Techno gespielt werden; früher auch als Bezeichnung für Stilrichtungen der Musik: Gabber, Schranz (härter); Techno, House, Breakbeat, Drum and Bass (gemäßigt); Trance, Ambient, Goa, Chill-out-Musik (sanft).

Reggae: Ende der 1960er Jahre in Jamaika entstanden; starke Betonung des 2. und 4. Taktteils. Als erster internationaler Erfolg gilt „Israelites" von Desmond Dekker (1968); als populärster Musiker der Reggae-Geschichte gilt Bob Marley. Spielarten sind Roots-Reggae und Ragga. Die Reggae-Musik ist ein bedeutender Teil der „Rastafari"-Kultur, einer religiösen Gemeinschaft in Jamaika; außerdem besteht eine starke Verbindung zu Äthiopien.

Rock: Als erster Rocksong gilt Bill Haleys „Rock around the Clock" (1954). Spielarten sind: Electronic Rock, Ethno Rock, Folk Rock, Funk, Jazz Rock, Psychedelic Rock etc. Manche betrachten auch Heavy Metal, Punk etc. als Spielarten des Rock. Oft werden von Marketingstrategen neue Begriffe erfunden, die nur auf ganz wenige Bands zugeschnitten sind.

Techno: Weiterentwicklung der elektronischen Musik; als Instrumente werden Gitarren, computergesteuerte Musikinstrumente, Sequenzer und Drumcomputer verwendet; klassischer Viervierteltakt mit Betonung jedes Viertels durch eine elektronische Bassdrum, was der Musik einen monotonen Charakter verleiht. Spielarten sind: Acid Techno, Hardcore Techno, Minimal Techno, Rave, Schranz, Trance etc.; abwertend wird die Musik als „Elektroschrott" oder „Plastikmüll" bezeichnet. Techno ist auch eine spezielle Jugendkultur.

Beispiele für die Verwendung von Ziffern und Sonderzeichen im Leetspeak

A, a = 4, @, /\
B, b = 8, |3, ß
C, c = (, [, <
D, d = |)
E, e = 3, € (= Euro-Zeichen)
F, f = |=, ph
G, g = 6, &, 9
H, h = |-|, #, }{,]-[
I, i = 1, !
J, j = _|
K, k = |<, |{, |(
L, l = 1, |_, £ (= Pfund-Zeichen)
M, m = /\/\, /V\, |V|,]V[, |\/|
N, n = |\|, /\/, /V, |V , /\\/
O, o = 0 (= Ziffer Null), (), []
P, p = |°, |>, |*
Q, q = 0_
R, r = |2, 2, ®
S, s = 5, $ (= Dollar-Zeichen), §, ?
T, t = 7, +, †
U, u = |_|, µ
V, v = \/
W, w = \/\/, VV, \A/, \\'
X, x = ><,)(, }{
Y, y = `/, 9, ¥ (= Yen-Zeichen)
Z, z = 2

Außerdem werden in englischen Wörtern Ziffern und Buchstaben entsprechend ihrer Aussprache im Englischen eingesetzt:

2 = to bzw. too
4 = for
B, b = be
C, c = see
I, i = eye
U, u = you
Y, y = why
cu = see you
cu2 = see you too
4ever = forever
n1 = nice one
2L8 = too late
L8er = later
4YI = for your information
gn8 = good night
n8 = (good) night
w8 = wait
sk8tn = skaten
THX10E6 = a million thanks (10^6 = 1 Million)

Bei deutschen Wörtern ist diese Praxis nur begrenzt möglich:

8 = acht
gn8 = gute Nacht
n8 = (gute) Nacht
n1 = nein
m8 nix = macht nichts
108 = Hurensohn (= Kernladungszahl des Elements Hassium, das ebenfalls Hs abgekürzt wird)

Puristen meinen, dass die Verwendung von Ziffern oder Buchstaben entsprechend ihrer Aussprache nicht „Leetspeak" ist, sondern „AOL-Slang".

Weitere Abkürzungen:

adk = auf dem Klo
gb = Gutes Blatt! (bei Kartenspielen)
glg = ganz liebe Grüße
hdl = hab dich lieb
hdgl = hab dich ganz lieb
hdgdl = hab dich ganz doll lieb
hdml = hab dich mega lieb
ild = ich liebe dich
kA = keine Ahnung
lg = liebe Grüße
mow = männlich oder weiblich (in Chats)
sbz = schreibe bitte zurück
sg = sehr gut
vlg = viele liebe Grüße
vllt, vll = vielleicht
wmd = was machst du?
wvT = weg von der Tastatur
Wz = willkommen zurück

Sternderlwörter

Dabei handelt es sich um Abkürzungen von Zeitwörtern, die Emotionen ausdrücken, oder um Ausrufe aus der Comicsprache. Sie werden zwischen 2 Sternderln gesetzt. In vielen Programmen führt das zum Fettdruck des jeweiligen Wortes: *freu* wird zu **freu**. Wer den Fettdruck vermeiden will, muss nach dem ersten oder vor dem zweiten Sternderl ein Leerzeichen setzen und am Ende dieses Leerzeichen herauslöschen. Wem das zu mühsam ist, der verwendet nicht das Zeichen *, sondern das auf derselben Taste befindliche Zeichen +. Er tippt also nicht *freu*, sondern *freu+ oder +freu+ ein. Das +-Zeichen erscheint auch dann, wenn man die Shift-Taste zu früh auslässt.

Hier eine beispielhafte Aufzählung von Sternderlausdrücken:

argh = Autor ärgert sich
blll = Autor streckt die Zunge raus
bussi = Autor schickt ein Bussi
freu = Autor freut sich
fg = Autor grinst fies
g = Autor grinst, Autor kichert
gg = Autor grinst oder kichert lang anhaltend
harr = Autor ärgert sich
heul = Autor weint
igitt = Autor empfindet Abscheu, Ekel
knuddel = Autor umarmt sein Gegenüber
knutsch = Autor knutscht sein Gegenüber
lach = Autor lacht

schnarch = Autor ist müde, er empfindet etwas als langweilig
schnief = Autor ist traurig
sterb = Autor fühlt sich miserabel
tsk = Autor zischt und schüttelt verständnislos den Kopf

Beispiele für Verfremdungen im deutschsprachigen Leetspeak

Die Verknüpfung zwischen Leetspeak und mundartlichen Formen wird in der Einleitung und im Kapitel „Leetspeak" erläutert. Folgende Beispiele können nur einen groben Ansatz liefern, wie der Leetspeak funktioniert. Viele Schreibformen entstehen intuitiv und werden populär, weil sie gut aussehen.

Achtung ▷ **8ung**
Alter ▷ **Euda, Eugen**
aufgemotzt ▷ **aufgemotst**
bald ▷ **bold, balt**
bumsen ▷ **pumsen**
Bussale ▷ **Buzzale**
Bussis ▷ **Buzziz**
chillen ▷ **tschülln**
ciao ▷ **tschau**
cool ▷ **kuhl, kewl**
E-Mail ▷ **E-Mehl, i-Mehl, Mehl**
fett ▷ **phät**
forever ▷ **4äva**
Freak ▷ **Phreak**
gehabt ▷ **kapt, kopt**
gehört ▷ **kert**
gehts ▷ **gez**
genial ▷ **genital**
gespannt ▷ **gschpannt**
gut ▷ **gurt**
gute Nacht ▷ **gn8**
halt ▷ **hald**
ist es ▷ **isses**
ja ▷ **jo, jau, yep, yup**
Jahr ▷ **Jau**
jetzt ▷ **jez, etz**
Kante ▷ **Kantn**
Kieberer ▷ **Kiwara**
kultig ▷ **coohltig**
Leute ▷ **Leutz**
lieb ▷ **liep, lübb, lüp**
mailen ▷ **mehlen**
mit ▷ **mid**
Nacht ▷ **n8**
Neues ▷ **neis**
nicht ▷ **ned**
no ▷ **nope**
Porno ▷ **PrOn**
scheiß ▷ **shice**
schnackseln ▷ **schnaxln**
servus ▷ **seas, sers, seavas, seawas, seaz, seavaz**
sexy ▷ **säxxy**
sogar ▷ **sogor**
süß ▷ **süzz**
the ▷ **se** (absichtlich kein „th")
Tschick ▷ **Chig**
tschicken ▷ **chiggen**
voll ▷ **voi, fui**
vollgas ▷ **voigaaas**
was ▷ **waz, wazz**
zuhause ▷ **zaus**

Begriffe des Computerspieler-Jargons

ban: „bannen", „verbannen", von englisch *to ban*; einen Spieler dauerhaft sperren, so dass er sich (zum Beispiel mit seiner IP-Nummer oder seinem Benützernamen) nicht mehr auf einem bestimmten Server einloggen kann; dient dazu, störende Spieler auszuschließen.

bashen: „jemanden besiegen, fertig machen, vernichtend schlagen"; von englisch *to bash*.

b00n, boon: Abwandlung der Schreibweise von „n00b", „noob" („Newbie" = Neuling).

bratzen: „ein unkontrolliertes Dauerfeuer, zB durch Wände auf einen Gegner abgeben"; dabei geht man nicht mit den üblichen Mitteln vor, sondern verschießt fast die gesamte Munition, die im Magazin vorhanden ist (siehe auch: „sprayen").

Cheater: „unfairer Spieler", auch: Spieler, der Mittel einsetzt, die als illegal empfunden werden.

Chobo: „jemand, der schlecht spielt", „jemand, der einen schlechten Tag hat"; siehe auch: „Dommi".

ditched: „angeschlagen sein"; der Ausdruck stammt laut Wikipedia aus Österreich, leitet sich also wohl nicht von engl. *to ditch* (= wegwerfen, loswerden) ab, sondern von einem Ausdruck aus den österreichischen Mundarten: „anditscht" (= angeschlagen); ein „Ditsch" ist ein „kleiner, leichter Schlag" (lautmalend). Das Wort wird laut „Leetspeak" so geschrieben, wie wenn es ein englisches Wort wäre.

Dommi: „jemand, der schlecht spielt", „jemand, der einen schlechten Tag hat"; siehe auch: „Chobo".

ff: „friendly fire"; Beschuss des eigenen Teams.

fraggen: „eine gegnerische Spielfigur töten".

gf: „good fight".

gg: „good game"; zur Begrüßung im Sinn von „Schönes Spiel!" und als Geste der Fairness am Ende eines Spiels: „Du hast gut gespielt!"; nicht zu verwechseln mit *gg*, womit „Grinsen" oder „Kichern" bezeichnet wird.

gj: „good job".

gl: „good luck".

Glitch: „Fehler im Spiel", „Ungereimtheit im Spiel".

GoSU: „Spieler mit hoher Geschicklichkeit, mit überdurchschnittlich hohen Gewinnquoten"; Abkürzung für „Grandmaster of StarCraft Universe" aus dem Spiel „StarCraft".

gt: „good try" (= guter Versuch); wird teilweise am Ende von Spielrunden verwendet, um einen anderen Spieler für einen guten Versuch zu loben, welcher aber nicht funktioniert hat.

Header, Heady: Kurzform für englisch *headshot* (= Kopfschuss).

Highsenser, Midsenser bzw. Lowsenser: „Spieler mit hochsensibel, mittelsensibel bzw. schwachsensibel eingestellter Maus"; „Highsenser" (= Highsense-Spieler) können in Shootern sehr schnell reagieren, Lowsenser erhalten eine höhere Präzision durch die gering eingestellte Empfindlichkeit.

hf: „have fun" (= viel Spaß!).

hs: „headshot" (= Kopfschuss); nicht zu verwechseln mit der Abkürzung „h$", womit das Schimpfwort „Hurensohn" abgekürzt wird. „Hs" ist auch das Symbol für das chemische Element „Hassium". Es hat die Kernladungszahl 108, weshalb auch „108" als Kürzel für „Hurensohn" verwendet wird. (In der Tat handelt es sich um eine Ableitung des lateinischen Namens für das deutsche Bundesland Hessen, wo 1984 durch die Verschmelzung von Blei mit Eisen erstmals Hassium erzeugt worden ist.)

Kick: „Verweis von einem Server"; in der Regel aufgrund unfairer Spielweise, Beleidigung anderer Spieler etc.

kickban: „vom Server werfen und bannen", „verbannen"; von englisch *to kick* und *to ban*; der Spieler wird für eine bestimmte Zeit oder auf Dauer gesperrt.

Lag: „Unterbrechungen im Spielfluss"; meist aufgrund technischer Probleme bei der Übertragung.

Lagger: „Spieler, der wegen seiner schlechten Internetverbindung oder Systemkonfiguration das Spiel zum Stocken bringt".

Lamer: „unfairer Spieler", von englisch *to lame* (= lähmen); ein abwertender Begriff für jemanden, der zB von der Community als nicht fair empfundene Taktiken anwendet, oder jemand, der sich aufspielt, andere stört, sie als Cheater diffamiert etc.; generell also ein Spieler, der in irgendeiner Weise nervt und den anderen den Spaß am Spiel zerstört.

lol: „laut aus sich herauslachen", von english *to laugh out loud*; laut Wikipedia hat „lol" unter Gamern seinen ursprünglichen Sinn größtenteils eingebüßt; es bedeutet oft nur noch so viel wie „ok" (Kenntnisnahme einer Äußerung).

Loot, l00t: „Beute", von englisch *loot*; vor allem in Rollenspielen gebräuchlicher Ausdruck für Wertsachen und nützliche Gegenstände, die von Gegnern nach deren Dahinscheiden hinterlassen werden.

Lucker: „Glücksritter", von englisch *luck* (= Glück).

n1: „nice one" (= gute Leistung); wird oft als „n1 one", also „nice one one", geschrieben; einige Spieler sind der Meinung, „n1" sei eine Kurzform für „none", also ein Zusammenschluss aus „n" und „one", was zu Missverständnissen führen könne.

ns: „nice shot" (= guter Schuss).

nt: „nice try" (= netter Versuch); die Wendung ist leicht abwertend; sie ist im Sommer 2005 von McDonald's als Slogan in der Plakatwerbung verwendet worden.

omg: „oh my God"; wird häufig verwendet, wenn man überraschend erledigt wird.

ooc: „out of character" (= außerhalb der Rolle); Begriff, der in der Online-Rollenspielszene dazu verwendet wird, um deutlich zu machen, dass das Gesagte nichts mit der Spielfigur und ihren Gedanken zu tun hat, also eine Ankündigung, dass man kurz seine Rolle im Rollenspiel verlässt.

owned, ownd, ownz, pwnd: „dominiert", „erwischt", „gewonnen", von englisch *own* (= besitzen); Ausdruck für die absolute Überlegenheit und Kontrolle über einen anderen Spieler; „owned" kann auch zur Kommentierung dienen, wenn jemandem ein Missgeschick passiert ist oder wenn er Pech gehabt hat; „pwned" hat die gleiche Bedeutung (*to pown*).

ph4t L00tz: „fette Beute" (siehe auch: „Loot").

plz: „bitte", engl. *please*.

Ruler, rul0r: „Person mit überdurchschnittlichem Computerwissen oder überdurchschnittlichen Fähigkeiten".

Score-Whore: „Punkte-Hure"; englisch *to score* (= punkten) und *whore* (= Hure); ein Spieler, der sich für alles hergibt, nur um Punkte zu sammeln, zB verpönte Waffen wie Scharfschützengewehre permanent einsetzt.

skillig: „fähig, trickreich", von english *skill* (= Fähigkeit); für einen Spieler, der besonders gute Fähigkeiten in einem Computerspiel besitzt; wird meist als Lob eines Onlinespielers gegenüber einem anderen verwendet; auch einzelne Aktionen in einem Spiel können „skillig" sein.

sprayen: „ein unkontrolliertes Dauerfeuer zB durch Wände auf einen Gegner abgeben"; dabei geht man nicht mit den üblichen Mitteln vor, sondern verschießt fast die gesamte Munition, die im Magazin vorhanden ist (siehe auch: „bratzen").

sry: „sorry", „tut mir Leid".

sucken: „schlecht spielen", „nerven" von englisch *to suck* (= saugen); hier spielen Redewendungen wie „You suck ass!" (= Du bist scheiße!) eine Rolle. „Boah, ich sucke heute!" bedeutet „Ich spiele heute sehr schlecht!" Das deutsche „saugen" wird hauptsächlich für „Daten aus dem Internet herunterladen" verwendet.

thx: „danke"; von englisch *thanks*.

Who ran zone: „Du Hurensohn!"; wird von deutschsprachigen Spielern benützt, um anderssprachige Spieler zu beleidigen, ohne dass diese es verstehen sollen (Gleichklang von „Who ran zone" und „Hurensohn").

w00t: „gewonnen"; Ausdruck der aufgeregten Freude, zB „Wir haben gewonnen! w00t!"

zocken, zoggen, zogg0rn, zock0rn: „dem Glücksspiel frönen", „dem Computerspiel frönen".

Mehr Ausdrücke auf: „http://de.wikipedia.org/wiki/Computerspieler-Jargon".

Die Auflösung des Fragebogens „Sind Sie up to date?":
1b, 2c, 3b, 4a, 5c, 6c, 7d, 8c, 9a, 10b, 11b, 12a, 13b, 14c, 15d, 16d, 17a, 18c, 19d, 20c

Bildnachweis

Cover	iStockphoto
S. 27	Christian Jobst
S. 29	Lisa Maria Kurbikoff/MTV
S. 30	A. EGGER'S SOHN
S. 34	Alfredo Jagendorfer
S. 40	PID/Votava
S. 46	Johannes Zinner
S. 67	McDonald's
S. 72	iStockphoto
S. 75	MEV
S. 83	UPC Telekabel
S. 91	Constantin Film Verleih GmbH
S. 93	KTM
S. 99	TULLNER MESSE
S. 119	Procter & Gamble
S. 150	BMW
S. 159	Ö3
S. 160	Johannes Zinner

Robert Sedlaczek
Geb. 1952 in Wien, Studium der Germanistik, Anglistik und Publizistik an der Universität Wien, Dr. phil.; ab 1980 Mitarbeiter von Bundeskanzler Dr. Bruno Kreisky, dann von Bundesminister Dkfm. Ferdinand Lacina; 1986 bis 1990 Mitglied des Kuratoriums des ORF; 1989 bis 2003 Geschäftsführer des Österreichischen Bundesverlags; Autor zahlreicher Bücher und Aufsätze zu Österreich-Themen wie „Das österreichische Deutsch. Wie wir uns von unserem großen Nachbarn unterscheiden", Verlag Ueberreuter, Wien, 2004, „Lexikon der populären Sprachirrtümer Österreichs" (gemeinsam mit Sigmar Grüner), Verlag Deuticke, Wien, 2003; der Autor ist Kolumnist bei der Wiener Zeitung („Robert Sedlaczek am Mittwoch").

Roberta Baron
Geb. 1980 in Wien, studiert zurzeit Molekularbiologie an der Universität Wien.

Sie können Ihre Meinung zu „leet & leiwand – Das Lexikon der Jugendsprache" sowie Ergänzungen, Korrekturvorschläge etc. auf der Website www.das-oesterreichische-deutsch.at posten. Wir freuen uns über jede Rückmeldung und werden die interessantesten Postings veröffentlichen.

UEBERREUTER

Apfelsine bis Zwutschkerl

Robert Sedlaczek
Das österreichische Deutsch
Wie wir uns von unserem
großen Nachbarn unterscheiden
496 Seiten mit
143 Farbabbildungen
€ 34,95 / sFr 60,40
ISBN 3-8000-7075-8

„Das österreichische Deutsch" ist ein ebenso informativer wie vergnüglicher Schmöker, der nicht nur für Sprachinteressierte gedacht ist.

ABENDZEITUNG, München.